Harald Jes

Echsen

Mit Fotos bekannter
Tierfotografen
Zeichnungen:
Johann Brandstetter

ECHSEN

- **Weltweit verbreitet von der Wüste bis zum tropischen Regenwald.**

- **Faszinierende Verhaltensweisen durch Anpassung an den Lebensraum.**

- **Leben auf Bäumen oder am Boden.**

- **Häuten sich regelmäßig.**

- **Nachkommen schlüpfen aus Eiern oder werden lebend geboren.**

- **Sie sind am Tag oder in der Nacht aktiv.**

Echsen leben rund um den Globus von den gemäßigten bis zu den tropischen Zonen. In Anpassung an ihre verschiedenen Lebensräume haben sie viele faszinierende Verhaltensweisen entwickelt. So können die meisten Geckos durch winzige Hackenzellen an den Zehenunterseiten nicht nur auf Blättern, sondern auch an Glasscheiben und Zimmerdecken klettern. Erstaunlich sind die Augen der Chamäleons, die unabhängig voneinander in alle Richtungen bewegt werden können und, man glaubt es kaum, das hinten und vorne Gesehene gleichzeitig wahrnehmen. Ein interessantes Verteidigungsverhalten vieler Echsen ist das Abwerfen des Schwanzes, der sich noch eine Weile bewegt und den Verfolger auf diese Weise von der Echse ablenkt.

Eines ist jedoch allen Echsen gemeinsam: Im Gegensatz zu unseren warmblütigen Hausgenossen Hund und Katze sind Echsen wechselwarme Tiere, deren Körpertemperatur von außen durch die Umgebungstemperatur gesteuert wird.

6 ENTSCHEIDUNGSHILFEN

1 Bis auf wenige Ausnahmen werden Echsen Ihnen keine Zuneigung zeigen. Sie wollen nicht gestreichelt werden. In Einzelfällen werden Exemplare größerer Arten zutraulich.

2 Echsen sind keine geeigneten Haustiere für kleine Kinder. Verschenken Sie Echsen erst, wenn die Kinder verstehen, daß man mit Echsen nicht spielen kann.

3 Die Heimat fast aller angebotenen Echsen sind tropische oder subtropische Lebensräume. Dies erfordert eine sorgfältige Klimatisierung des Terrariums. Die Technik macht es möglich, hat aber auch ihren Preis.

4 Da Echsen krank werden können, kann der Besuch beim Tierarzt notwendig sein. Suchen Sie sich rechtzeitig einen Spezialisten, der sich mit Behandlungsmethoden für Echsen auskennt. Auch der Tierarztbesuch kann teuer werden.

5 Nicht jedem liegt das Verfüttern lebender Beutetiere. Überlegen Sie sich deshalb schon vor der Anschaffung, ob Sie animalisch lebende oder pflanzenfressende Arten halten möchten.

6 Echsen müssen auch während der Urlaubszeit versorgt werden. Zur Pflege und Kontrolle des Terrariums brauchen Sie eine zuverlässige Urlaubsvertretung.

Wichtige Überlegungen vor dem Kauf

Manche Echsen können recht alt werden. Sie sollten sich deshalb vor der Anschaffung im klaren sein, daß dies eine langjährige Verantwortung für das Tier bedeutet. Der Zeitaufwand für die tägliche Pflege ist zwar relativ gering. Man sollte sich aber für das Beobachten der Tiere viel Zeit nehmen, um möglichst viel über ihr Verhalten zu lernen. Wichtig ist es, vorab zu klären, ob Ihre Familie mit der Anschaffung der Echsen einverstanden ist. Denn Tiere können aus dem Terrarium entweichen, einige machen sich nachts lautstark bemerkbar, und wenn die Reinigung des Terrariums einmal nicht möglich ist, dann riecht es auch.

Erfreulicherweise sind beim Menschen bisher keine Allergien oder Infektionskrankheiten aufgetreten, die durch Echsen hervorgerufen werden. Trotzdem sollte Hygiene selbstverständlich sein.

ANSCHAFFUNG UND EINGEWÖHNUNG

Mit ihrer schuppigen Haut, den meist unbeweglichen Augen und einem Blutkreislauf, der den Körper nicht mit Wärme versorgt, erinnern Echsen an die Saurier längst vergangener Zeiten. Diese urweltlichen Tiere im Terrarium zu halten, ist ein faszinierendes Hobby, das aber auch Sachkenntnis verlangt.

Die zu den Kriechtieren oder Reptilien gehörenden Echsen sind uns längst nicht so vertraut wie Säugetiere oder Vögel. Wer Echsen im Terrarium pflegen will, sollte daher wissen, wie diese Tiere sind und woher sie kommen. Körperbau, Verhaltens- und Lebensweisen geben dem Echsenhalter wichtige Hinweise für die Pflege und Haltung seiner Echsen. Aber auch technisches Verständnis des Pflegers ist nötig, denn die fehlende Eigenwärme der wechselwarmen Reptilien erfordert eine sehr sorgfältige Klimatisierung des Terrariums (→ Terrarientechnik, ab Seite 26).

Wissenswertes zur Abstammung

Fossile Funde lassen darauf schließen, daß die ersten Echsen vor etwa 260 Millionen Jahren – in der oberen Steinkohlezeit – auf der Erde lebten. Da sie aber zu dieser Zeit schon in mehreren Formen vorkamen, ist anzunehmen, daß es gemeinsame Ahnen schon früher gab.
Im Erdmittelalter, vor etwa 200 bis 60 Millionen Jahren, hatten die Reptilien ihre Blütezeit und entwickelten sich zu den als Dinosaurier bekannten riesigen Formen, die aber am Ende des Zeitalters ausstarben. Nur die Schildkröten, die Panzerechsen und die von den Schnabelechsen abstammenden Brückenechsen gelangten nahezu unverändert in unsere Zeit und werden deshalb als lebende Fossilien bezeichnet.
Die Vorläufer der anderen heutigen Echsen entstanden vor etwa 100 Millionen Jahren während der Kreidezeit.

Wo Echsen heute leben

Die Nachfahren der Urechsen konnten sich mit etwa 3000 Arten bis in die Gegenwart behaupten. Sie sind heute in den gemäßigten Klimazonen der Erde verbreitet, die meisten Arten leben jedoch in den tropischen Zonen.
Auch die in diesem Ratgeber genannten Echsen sind in den Tropen heimisch. Die in unseren Breiten lebenden Arten sind durch die vielfältigen Eingriffe der Zivilisation in ihre natürlichen Lebensräume stark bedroht und deshalb besonders geschützt. Diese Echsen dürfen nicht aus der Natur entnommen und im Terrarium gehalten werden. (→ TIP: Artenschutzbestimmungen, Seite 15).

Der Grüne Leguan ist tagaktiv und lebt auf Bäumen im tropischen Regen- und Savannenwald.

Echsen im Terrarium

In diesem Buch werden Echsen mit interessantem Verhalten aus unterschiedlichen Lebensräumen vorgestellt. Bei der Auswahl wurde darauf geachtet, daß die Arten leicht nachgezüchtet werden können und nicht ihren natürlichen Lebensräumen entnommen werden müssen (→ Artenschutzbestimmungen, Seite 15).
Größenangaben: Genannt sind in den Porträts die durchschnittlichen Endmaße erwachsener Tiere. Die Kopf-Rumpf-Länge, die von der Schnauzenspitze bis zur Kloake gemessen wird, ist wegen der erheblichen Schwanzlänge mancher Echsen von Bedeutung.
Terrariengröße: Die empfohlenen Terrarienmaße bezeichnen Breite x Tiefe x Höhe (→ Seite 11).
Nahrungsempfehlungen: Die Angaben gelten für erwachsene und halbwüchsige Tiere, Jungtiere müssen häufiger gefüttert werden.

Asiatischer Hausgecko

Hemidactylus frenatus (→ Foto, Seite 12)
Gesamtlänge: 14 cm. Kopf-Rumpf-L.: 7cm.
Lebensraum: Ursprünglich Südostasien, inzwischen fast alle tropischen Kontinente, Wälder, Buschland, Kulturlandschaften.
Verhalten: Nachtaktiv, im lockeren Verband lebend.
Haltung: Waldterrarium 60 x 40 x 50 cm.
Dekoration: Zweige und Borke im Hintergrund; herausnehmbar anbringen, weil Eier daran geheftet werden und so leicht in den Brutschrank überführt werden können. Pflanzen nicht unbedingt erforderlich.
Temperatur: Tags 23-30 °C, nachts 20-25 °C.
Luftfeuchtigkeit: 70-90%.
Nahrung: 3mal wöchentlich, Insekten, Spinnentiere, nestjunge Mäuse.
Besonderheit: Spaltpupillen; Haftlamellen reichen nicht bis zur Zehenspitze, Gattung wird deshalb auch Halbfingergecko genannt.

Goldstaub–Taggecko

Phelsuma laticauda (→ Foto, Seite 56)
Schutzstatus: WA II, EG Anhang B.
Gesamtlänge: 12 cm. Kopf-Rumpf-L.: 6 cm.
Lebensraum: Östliches Madagaskar, Komoren, Wälder, Buschland, Kulturlandschaften.
Verhalten: Tagaktiv, baumbewohnend.
Haltung: Waldterrarium 60 x 40 x 50 cm.
Dekoration: Äste und reichlich Pflanzen.

Halsband-, Stachel- und Rollschwanzleguan können auch gemeinsam gehalten werden.

Temperatur: Tags 26-30 °C, nachts 18-23 °C,
Sonnenplätze und UV-Bestrahlung.
Luftfeuchtigkeit: 50-70%.
Nahrung: 3mal wöchentlich, Insekten und
Spinnentiere.
Besonderheit: Haftlamellen, keine Spaltpupillen.
Ähnlich zu pflegen: **Streifen-Taggecko**, *Phelsuma lineata*, WA II, EG Anhang B, 12 cm, Kopf-Rumpf-L. 6 cm, Madagaskar.
Rotkehlanolis, *Anolis carolinensis*, 20 cm,
Kopf-Rumpf-L. 7 cm, südöstl. Nordamerika.
Bahamaanolis, *Anolis sagrei* (→ Seite 48),
20 cm, Kopf-Rumpf-L. 7 cm, Bahamas, Große
Antillen, südöstl. Nordamerika, Mittelamerika.

Großer Taggecko

Phelsuma madagascariensis (→ Foto, Seite 13)
Schutzstatus: WA II, EG Anhang B.
Gesamtlänge: 25 cm. Kopf-Rumpf-L.: 13 cm.
Lebensraum: Madagaskar, Seychellen, Wälder,
Buschland, Kulturlandschaften.
Verhalten: Tagaktiv, baum- und blattbewohnend, im lockeren Verband lebend.
Haltung: Waldterrarium 120 x 60 x 100 cm.
Dekoration: Äste und reichlich Pflanzen.
Temperatur: Tags 26-30 °C, nachts 18-23 °C,
Sonnenplätze und UV-Bestrahlung.
Luftfeuchtigkeit: 60-80%.
Nahrung: 3mal
wöchentlich, Insekten
und Spinnentiere.
Besonderheit: Haftlamellen,
keine Spaltpupillen.

T I P

Terrariengröße

Die in den Artbeschreibungen aufgeführten Terrariengrößen entstanden in Anlehnung an Haltungsrichtlinien für Reptilien. Die genannten Größen gelten für die im Ratgeber angegebenen Körpermaße ausgewachsener Tiere, nicht jedoch für selten erreichte Höchstmaße. Berechnungsgrundlage ist die Kopf-Rumpf-Länge der Echsen. Die Maße gelten für jeweils zwei Exemplare. Für jedes weitere Tier sind mindestens 15% des Rauminhalts hinzuzurechnen. Sind die Tiere nur halb so groß, dann halbieren sich die Maßangaben entsprechend - ein größeres Terrarium schadet aber nie!

Ähnlich zu pflegen:
Ritteranolis, *Anolis equestris*
(→ Seite 38), 40 cm, Kopf-Rumpf-L. 17 cm, Kuba, südöstl. Nordamerika, etwas feuchter halten.

Asiatischer Hausgecko

Halsbandleguan

Lidgecko

Hemitheconyx caudicinctus (→ Foto, rechts)
<u>Gesamtlänge:</u> 20 cm. Kopf-Rumpf-L.: 12 cm.
<u>Lebensraum:</u> Westafrika, Trockengebiete.
<u>Verhalten:</u> Nachtaktiv, bodenbewohnend, gesellig lebend. Die Tiere suchen tagsüber kühle und feuchte Höhlen auf, die gemeinsam bewohnt werden.
<u>Haltung:</u> Wüstenterrarium 60 x 50 x 50 cm.
<u>Dekoration:</u> Steinaufbauten, Sand, Geröll mit feuchten Schlupfwinkeln, getrocknete Gräser.
<u>Temperatur:</u> Tags 30 °C, nachts 20 °C, während der Ruhezeit von November bis Februar ständig etwa 20 °C.
<u>Luftfeuchtigkeit:</u> 50-70%.
<u>Nahrung:</u> 3mal wöchentlich, Insekten, nestjunge Mäuse.

Segelechse

Lidgecko

<u>Besonderheit:</u> Keine Haftlamellen.
<u>Ähnlich zu pflegen:</u> **Leopardgecko**, *Eublepharis macularius* (→ Seite 57, Jungtier, Seite 16), 20 cm, Kopf-Rumpf-L. 12 cm, Kleinasien, nordwestl. Indien.
Amerik. Krallengecko, *Coleonyx variegatus* (→ Zeichnung, Seite 22 oben links), 14 cm, Kopf-Rumpf-L. 7 cm, südwestl. Nordamerika, nördl. Mittelamerika.

Bartagamen

Grüne Wasseragame

Haltung: Waldterrarium 150 x 60 x 100 cm.
Dekoration: Geäst, das nur so dick sein soll, daß
es von den Zehen zu umfassen ist, hartlaubige
Pflanzen.
Temperatur: Tags 25-32 °C, nachts 15-18 °C,
Sonnenplätze und UV-Bestrahlung.
Luftfeuchtigkeit: 60-95%.
Nahrung: 3mal wöchentlich, Insekten, nest-
junge Mäuse, gelegentlich auch vegetarische
Nahrung.

Großer Taggecko

Stachelleguane

Jemen-Chamäleon

Chamaeleo calyptratus (→ Foto, Seite 17)
Schutzstatus: WA II, EG Anhang B.
Gesamtlänge: 55 cm. Kopf-Rumpf-L.: 25 cm.
Lebensraum: Südwestl. Arabische Halbin-
sel, Buschland, in höheren Lagen auch in
seltenem Galeriewald.
Verhalten: Tagaktiv, im Gezweig von
Büschen und Bäumen lebend.

Malachit-Stachelleguan

Sceloporus malachiticus (→ Foto, Seite 53)
Gesamtlänge: 20 cm. Kopf-Rumpf-L.: 8 cm.
Lebensraum: Mittelamerika, Gebirge bis 1500 m Höhe, lichte Wälder.
Verhalten: Tagaktiv, boden- und baumbewohnend, gesellig lebend, lebendgebärend.
Haltung: Trockenwaldterrarium 60 x 40 x 40 cm.
Dekoration: Steine, Stubben, Sand oder sandige Erde, nicht vollkommen trocken, hartlaubige Pflanzen.
Temperatur: Tags punktuell 35 °C, die Tiere müssen in kühlere Bereiche ausweichen können, nachts 15 °C, während der Ruhezeit von November bis Februar 15-20 °C, Sonnenplätze und UV-Bestrahlung, Sonnenterrarium.
Luftfeuchtigkeit: 50-80%.
Nahrung: 3mal wöchentlich, Insekten, nestjunge Mäuse, gelegentlich Blätter, Blüten.
Ähnlich zu pflegen: **Stachelleguan**, *Sceloporus poinsetti* (→ Seite 6/7), 25 cm, Kopf-Rumpf-L. 12 cm, Trockengebiete, südwestl. Nordamerika, nördl. Mittelamerika, unter trockeneren Klimaverhältnissen halten.

Halsbandleguan

Crotaphytus collaris (→ Foto, Seite 12)
Gesamtlänge: 30 cm. Kopf-Rumpf-L.: 10 cm.
Lebensraum: Südwestl. Nordamerika, nördl. Mittelamerika, felsige Trockengebiete.
Verhalten: Tagaktiv, boden- und felsenbewohnend, gesellig lebend.
Haltung: Wüstenterrarium 60 x 50 x 50 cm.
Dekoration: Steinaufbauten, Sand, Geröll, trockene Sträucher.
Temperatur: Tags punktuell bis 45 °C, Tiere müssen in kühlere Bereiche ausweichen können, nachts 15 °C, während der Ruhezeit von November bis Februar 10-15 °C, Sonnenplätze und UV-Bestrahlung.
Luftfeuchtigkeit: 50-70%.
Nahrung: 3mal wöchentlich, Insekten, nestjunge Mäuse, auch Blätter und Blüten.
Ähnlich zu pflegen: **Maskenleguan**, *Leiocephalus personatus* (→ Seite 42/43), 25 cm, Kopf-Rumpf-L. 12 cm, Haiti. **Rollschwanzleguan**, *Leiocephalus carinatus* (→ Seite 11), 25 cm, Kopf-Rumpf-L. 12 cm, Kuba, Bahamas.

Grüner Leguan

Iguana iguana (→ Foto, Seite 8)
Schutzstatus: WA II, EG Anhang B.
Gesamtlänge: 150 cm. Kopf-Rumpf-L.: 50 cm.
Lebensraum: Zentrales Mittelamerika bis mittleres Südamerika, tropische Regen- und Savannen-

Dornschwanzagamen leben in heißen Wüsten auf Felsen und Geröll.

wälder, immer in unmittelbarer Nähe von Gewässern, nur wenige Populationen in den niederschlagsarmen Küstenregionen.

Verhalten: Tagaktiv, baumbewohnend, gesellig lebend, aber nur ein erwachsenes Männchen in der Gruppe, badet gern und kann zahm werden. Bekannte Personen werden von zahmen Exemplaren kopfnickend begrüßt.

Haltung: Waldterrarium 250 x 150 x 200 cm.

Dekoration: Kletteräste, mindestens so dick wie der Echsenrumpf. Wasserbecken. Bodensubstrat für Luftbefeuchtung mäßig anfeuchten. Keine Pflanzen.

Temperatur: Tags 25-35 °C, nachts 20-22 °C, Sonnenplätze und UV-Bestrahlung, Sonnenterrarium.

Luftfeuchtigkeit: 60-90%.

Nahrung: Täglich, überwiegend vegetarisch. Jungtiere und manche ausgewachsene Exemplare nehmen auch große Insekten, nestjunge Mäuse, Regenwürmer und Fisch, aber maximal 10% der Gesamtration. Der vegetarische Anteil (Kräuter, Gräser, Obst, Möhren, Reis) wird während des Heranwachsens größer. Viele Leguane verzichten dann sogar völlig auf tierische Nahrung. Bei der Aufzucht auf ausreichende Vitamin- und Mineralstoffversorgung achten, weil Mangelerscheinungen bei dieser Art oft irreparable Schäden verursachen (→ Rachitis, Muskelzittern, Seite 56).

Besonderheit: Lange und scharfe Krallen.

Ähnlich zu pflegen: **Segelechse**, *Hydrosaurus amboinensis* (→ Seite 12), 100 cm, Kopf-Rumpf-L. 30 cm, Südostasien.

TIP

Artenschutz

Zum 1. Juni 1997 hat die Europäische Union die Artenschutzverordnung EG 338/97 erlassen, die das Washingtoner Artenschutzübereinkommen (WA) für Europa umsetzt und Ein- und Ausfuhr sowie Vermarktung geschützter Tier- und Pflanzenarten für alle Mitgliedsländer der EU einheitlich regelt. Entsprechend dem Grad ihrer Gefährdung werden die geschützten Arten in den Anhängen A, B, C und D aufgelistet. In der Bundesrepublik regelt zusätzlich die Bundesartenschutzverordnung, BArtSchV, mit den Anlagen 1, 2 und 3 den Schutz bedrohter Arten. In den Porträts dieses Ratgebers sind nur Arten vorgestellt, die auch gepflegt, gezüchtet und weitergegeben werden dürfen. Die im Zoofachhandel angebotenen Terrarientiere erfüllen die gesetzlichen Artenschutzvoraussetzungen und können legal erworben werden. Um sicher zu gehen, sollten Sie vom Verkäufer mit der Rechnung einen Herkunftsnachweis fordern. Bitte beachten Sie, daß sich die gesetzlichen Bestimmungen und Schutzkategorien der einzelnen Arten ständig ändern, weil sie den Gegebenheiten in der Natur angepaßt werden. Beim Fachhandel, in den Fachzeitschriften und bei der Naturschutzbehörde können Sie sich über den jeweils aktuellen Stand informieren. Wer Tierarten der EG Anhang A und B oder BArtSchV Anlage 1 hält, hat den Bestand der zuständigen Landesbehörde anzuzeigen.

Leopardgecko, Jugendkleid

Stachelschwanzwaran

Grüne Wasseragame
Physignathus concincinus (→ Foto, Seite 13)
<u>Gesamtlänge:</u> 80 cm. Kopf-Rumpf-L.: 25 cm.
<u>Lebensraum:</u> Hinterindien. Tropischer Regen-
wald, immer in unmittelbarer Umgebung
von Gewässern.
<u>Verhalten:</u> Tagaktiv, baumbewohnend, gesellig
lebend. Eine Besonderheit ist das Fluchtver-
halten der Tiere. Bei Gefahr springen sie ins
Wasser und tauchen.
<u>Haltung:</u> Regenwaldterrarium 150 x 80 x
100 cm.
<u>Dekoration:</u> Kletteräste, großes Wasserbecken,
hartlaubige Pflanzen.
<u>Temperatur:</u> Tags 25-30 °C, nachts 20-25 °C.
<u>Luftfeuchtigkeit:</u> 80-90%.

Nackenstachler

<u>Nahrung:</u> 3mal wöchentlich Insekten, Regen-
würmer, Süßwasserfische, nestjunge Ratten und
Mäuse; manche Exemplare nehmen auch gerne
vegetarische Kost wie Kräuter, Obst, Möhren
und Reis.

Wickelschwanzskinke

Jemen-Chamäleon

Streifengecko

Timorwaran

Ähnlich zu pflegen: **Australische Wasser-agame**, *Physignathus lesueurii* (→ Seite 20), 90 cm, Kopf-Rumpf-L. 30 cm, Westaustralien.
Stirnlappenbasilisk, *Basiliscus plumifrons* (→ Seite 4/5), 70 cm, Kopf-Rumpf-L. 20 cm, mittleres und südl. Mittelamerika.
Helmbasilisk, *Basiliscus basiliscus* (→ Seite 1/2), 80 cm, Kopf-Rumpf-L. 25 cm, südl. Mittelamerika, nordwestl. Südamerika.

Nackenstachler

Acanthosaura crucigera (→ Foto, Seite 16)
Gesamtlänge: 24 cm. Kopf-Rumpf-L.: 9 cm.
Lebensraum: Hinterindien, Malayische Halb-insel, nebelfeuchte Bergwälder und Teeplan-tagen bis 800 m Höhe.
Verhalten: Tagaktiv, baum- und strauchbe-wohnend, gesellig lebend.
Haltung: Regenwaldterrarium 60 x 40 x 50 cm.
Dekoration: Äste, Zweige, Borke, Pflanzen.
Temperatur: Tags 20-25 °C, nachts 15-20°C, Sonnenplätze und UV-Bestrahlung.
Luftfeuchtigkeit: Morgens 100% (früh kühles Wasser versprühen, Lampen erst später ein-schalten), sonst 70-90%.

Riesenskink

Nahrung: 3mal wöchentlich, Insekten und Spinnentiere.
Ähnlich zu pflegen: Nackenstachler, *Acanthosaura armata* (→ Zeichnung, Seite 18), 26 cm, Kopf-Rumpf-L. 10 cm, Südostasien.
Streifengecko, *Gekko vittatus* (→ Seite 17), 25 cm, Kopf-Rumpf-L. 15 cm, Südostasien, nachtaktiv, Spaltpupillen, Haftlamellen.
Tokeh, *Gekko gecko* (→ Seite 24), 35 cm, Kopf-Rumpf-L. 18 cm, Südostasien, nachtaktiv, Spaltpupillen, Haftlamellen.

Dornschwanzagame

Uromastix acanthinura (→ Seite 14)
Gesamtlänge: 40 cm. Kopf-Rumpf-L.: 25 cm.
Lebensraum: Nordwestl. Afrika, Geröllfelder, Sandwüste, Savanne.
Verhalten: Tagaktiv, bodenbewohnend, gräbt tiefe Höhlen.
Haltung: Wüstenterrarium 150 x 110 x 80 cm.

Luftfeuchtigkeit: 50-70%.
Nahrung: Täglich, vegetarisch, selten Insekten oder nestjunge Mäuse.
Ähnlich zu pflegen: Blauzungenskink, *Tiliqua scincoides,* 40 cm, Kopf-Rumpf-L. 28 cm, nördl. und westl. Australien, lebendgebärend, auch tierische Nahrung.
Riesenskink, *Tiliqua gigas* (→ Seite 17), 55 cm, Kopf-Rumpf-L. 30 cm, Neuguinea, lebendgebärend, auch tierische Nahrung.

Wickelschwanzskink

Corucia cebrata (→ Foto, Seite 16)
Gesamtlänge: 65 cm. Kopf-Rumpf-L.: 28 cm.
Lebensraum: Salomonen, tropische Regen- und Savannenwälder.

Dekoration: Steinaufbauten, Sand, Geröll mit feuchten Schlupfwinkeln, Stubben.
Temperatur: Tags punktuell bis 40 °C, die Tiere müssen in kühlere Bereiche ausweichen können, nachts 15 °C, während der Ruhezeit von November bis Februar ständig 15-20 °C, Sonnenplätze, UV-Bestrahlung.

Der Nackenstachler stammt aus Südostasien.

Wer paßt zu wem?

Vergesellschaftung	Eigenschaften	Terrarium
Goldstaub-Taggecko, Streifentaggecko, Rotkehlanolis, Bahamaanolis	tagaktive, baumbewohnende Echsen	Waldterrarium mit Ästen und vielen Pflanzen
Grüner Leguan, Segelechse, Grüne Wasseragame, Australische Wasseragame, Stirnlappenbasilisk, Helmbasilisk	große, tagaktive, baumbewohnende Echsen	Regenwaldterrarium mit dicken Kletterästen und Wasserbecken zum Baden; bei großen Leguanen Terrarium ohne Pflanzen
Dornschwanzagame, Blauzungenskink, Riesenskink, Bartagame	tagaktive, bodenbewohnende Echsen	Wüstenterrarium mit Steinaufbauten, Sand, Geröll, Stubben und feuchten Schlupfwinkeln
Maskenleguan, Rollschwanzleguan	tagaktive, bodenbewohnende Echsen	Wüstenterrarium mit Steinaufbauten, Sand, Geröll und trockenen Sträuchern
Lidgecko, Leopardgecko, Amerikanischer Krallengecko	nachtaktive, bodenbewohnende Echsen	Wüstenterrarium mit Steinaufbauten, Sand, Geröll und feuchten Schlupfwinkeln

Die Tabelle nennt Arten, die auch zusammen im Terrarium gehalten werden können. Allgemeine Tips zur Vergesellschaftung finden Sie auf Seite 50.

Verhalten: Tag- und dämmerungsaktiv, baumbewohnend, lebendgebärend.
Haltung: Waldterrarium 150 x 90 x 120 cm.
Dekoration: Kletteräste, hartlaubige Pflanzen.
Temperatur: Tags 25-30 °C, nachts 20-25 °C, während der Ruhezeit von November bis Februar ständig 15-20 °C, Sonnenplätze, UV-Bestrahlung.
Luftfeuchtigkeit: 70-90%.
Nahrung: Täglich, Kräuter und Blüten, selten tierische Kost.
Ähnlich zu pflegen: **Schneckenskink**, *Hemisphaeriodon gerrardii* (→ Seite 9), 40 cm, Kopf-Rumpf-L. 15 cm, östliches Australien, tierische Nahrung, überwiegend Schnecken.

Timorwaran

Varanus timorensis (→ Foto, Seite 17)
Gesamtlänge: 60 cm. Kopf-Rumpf-L.: 22 cm.
Lebensraum: Timor, südl. Neuguinea, Savannenwald.
Verhalten: Tagaktiv, boden- und baumbewohnend.
Haltung: Waldterrarium 120 x 80 x 100 cm.
Dekoration: Kletteräste, Verstecke, hartlaubige Pflanzen.
Tempcratur: Tags punktuell bis 35 °C, nachts 20-25 °C.
Luftfeuchtigkeit: 60-90%.
Nahrung: 3mal wöchentlich, Insekten, Mäuse, Fisch.

Ähnlich zu pflegen: **Smaragdwaran**, *Varanus prasinus* (→ Zeichnung, Seite 23), 70 cm, Kopf-Rumpf-L. 24 cm, Neuguinea, tropischer Regenwald.

Stachelschwanzwaran

Varanus acanthurus (→ Foto, Seite 16)
Gesamtlänge: 60 cm. Kopf-Rumpf-L.: 22 cm.
Lebensraum: Nördl. Australien, Geröllfelder, Savanne.
Verhalten: Tagaktiv, bodenbewohnend, gesellig lebend.
Haltung: Wüstenterrarium 120 x 60 x 60 cm.
Dekoration: Steinaufbauten, Sand, Stubben, Verstecke.
Temperatur: Tags punktuell bis 40 °C, Tiere

Australische Wasseragamen leben gesellig und immer in umittelbarer Nähe von Gewässern. Sie ernähren sich überwiegend von Beutetieren.

müssen in kühlere Zonen ausweichen können, nachts 20 °C, während der Ruhezeit von November bis Februar ständig 18-24 °C, Sonnenplätze, UV-Bestrahlung.
Luftfeuchtigkeit: 50-70%.
Nahrung: 3mal wöchentlich, Insekten und Mäuse.
Ähnlich zu pflegen: **Bartagame**, *Pogona vitticeps* (→ Seite 13), 50 cm, Kopf-Rumpf-L. 22 cm, nördl. und westl. Australien, neben tierischer auch vegetarische Kost.

Wo Sie Echsen bekommen

Sie können Echsen beim Zoofachhändler oder Züchter kaufen. In guten Zoofachgeschäften werden Sie ausführlich beraten. Auch in Fachzeitschriften (→ Zeitschriften, Seite 62) werden nachgezüchtete Echsen angeboten. Dabei wird die Zahl der männlichen und weiblichen Tiere mit zwei durch Komma getrennten Zahlen ausgedrückt. 1,2 bedeutet ein Männchen und zwei Weibchen.

Formalitäten beim Kauf: Als Besitzer eines artgeschützten Tieres (→ TIP, Seite 15) müssen Sie dessen rechtmäßigen Erwerb nachweisen. Wenn Sie beim Kauf eine CITES-Bescheinigung erhalten, erfüllt dieses Dokument als »Quasi«-Personalausweis diese Voraussetzung. Wer keine solche Bescheinigung erhält, sollte sich in jedem Fall die rechtmäßige Abgabe durch den Verkäufer schriftlich bestätigen lassen.

Die richtige Auswahl

Beim Kauf sollten Sie sich viel Zeit lassen und auf folgende Merkmale achten:
✔ Rippen, Rückenwirbel und Beckenknochen der Echse dürfen sich nicht allzu deutlich unter der Haut abzeichnen.
✔ Oberschenkel und Schwanzwurzel sollten Muskeln aufweisen.
✔ Die Augen dürfen nicht tief in den Höhlen liegen.
✔ Das Maul muß geschlossen sein.
✔ Die Haut der Echse sollte frei sein von Pusteln, Beulen und alten Hautresten.
✔ Achten Sie auf Außenparasiten wie Milben und Zecken. Bei geringem Befall nicht unbedingt vom Kauf absehen, die Echse muß aber umgehend behandelt werden.

Hinweis: Kontrollieren Sie unbedingt alle Echsen eines Terrariums. Wenn ein Tier krank oder von Parasiten befallen ist, sind meist auch die anderen infiziert.

Checkliste
Beim Kauf beachten

1 Schon vor dem Kauf gründlich informieren, um geeignete Echsen auswählen zu können. Spontankäufe werden meistens teuer.

2 Ein guter Verkäufer wird Sie ausführlich beraten. Vergleichen Sie seinen Rat sorgfältig mit den von Ihnen gesammelten Informationen.

3 Echsen nur aus einer gepflegten und überschaubaren Terrarienanlage übernehmen. Tiere aus mangelhaften Anlagen bergen nicht selten verdeckte Krankheiten.

4 Lassen Sie sich bei der Auswahl viel Zeit zum Beobachten der Echsen und kaufen Sie nur Tiere in gutem Zustand (→ Seite 21).

5 Wählen Sie Echsen während ihrer Aktivitätsphase aus. Gesunde Tiere nehmen ihre Umgebung mit wachen Augen auf und reagieren auf Störungen mit Flucht oder Abwehr.

6 Damit der Aufenthalt im Transportbehältnis möglichst kurz ist, sollte das Quarantäneterrarium bereits vor dem Kauf vorbereitet sein.

Heimtransport

Für den Heimtransport setzt man die Echse in einen Leinenbeutel. Ist sie klein, nimmt man den Beutel bei kühlem Wetter unter die Jacke, damit das Tier durch die Körpertemperatur gewärmt wird. Eine große Echse wird im Beutel in einen Karton gelegt. Bei niedrigen Temperaturen sollte dieser aus Styropor sein. Ist es sehr kalt, schützt man die Echse zusätzlich mit einer bis zu 35°C warmen Wärmflasche.

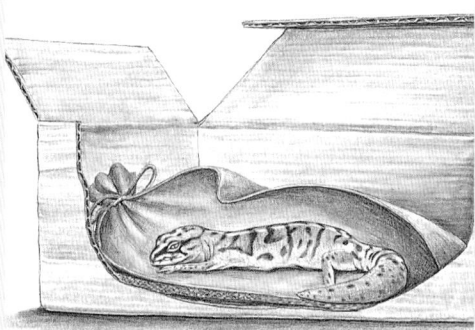

Für den Transport werden Echsen in Beutel und Karton verpackt.

und die notwendigen Kotuntersuchungen (→ Seite 55) durchführen zu lassen. Die Echse sollte im Quarantäneterrarium verbleiben, bis sie parasitenfrei, gesund und futterfest ist, mindestens aber acht Wochen.

Hinweis: Haben Sie an Ihrer Echse beim Kauf Zecken oder Milben festgestellt, muß das Tier noch im Transportbeutel behandelt werden (→ Krankheiten, Seite 54), bevor es ins Quarantäneterrarium gesetzt wird.

Futtertiere lebend anbieten, denn freilaufende Beute regt den Appetit besonders an.

Eingewöhnung

Jeder Neuankömmling muß bevor er in das eingerichtete Terrarium gesetzt wird, einige Zeit in einem Quarantäneterrarium verbringen. Dort kann sich die Echse eingewöhnen, ohne durch Rangkämpfe mit anderen Tieren unter Druck gesetzt zu werden. Zudem ist es nur so möglich, das Verhalten, die Nahrungsaufnahme und den Gesundheitszustand des Tieres zu kontrollieren

Neugierig beäugt diese Bartagame Obststückchen.

Erste Fütterung

Pflanzenfressenden Echsen können schon am zweiten Tag Blätter oder Früchte angeboten werden (→ Ernährung, ab Seite 36).
Animalisch lebende Echsen erhalten erst nach einer Woche Nahrung. Um den Appetit anzuregen, Futtertiere lebend ins Terrarium geben.

Setzen Sie nicht zu viele auf einmal ein und entfernen Sie, was nach einigen Stunden noch nicht gefressen ist. Abwechslungsreiches Nahrungsangebot ist jetzt

Das Quarantäneterrarium

Bereiten Sie das Quarantäneterrarium schon vor dem Kauf der Echse vor. Als Richtwert für die Größe kann etwa die Hälfte der in den Tierporträts als Platzbedarf angegebenen Maße angenommen werden (→ Tierporträts, ab Seite 10). Gut verwenden läßt sich ein ausgedientes Aquarium, das mit einem drahtbespannten Deckel abgedeckt wird. Eine Seitenbelüftung ist nur bedingt erforderlich.

Die Einrichtung des Quarantäneterrariums sollte einfach, hygienisch und praktisch zu handhaben sein.

Beleuchtung und Beheizung: Unbedingt erforderlich ist die Installation einer Reflektorlampe oder eines Dunkelstrahlers (→ Technik, ab Seite 26) . Eine zusätzliche Bodenheizung müssen Sie nur dann installieren, wenn es nachts zu kalt wird.

Bodenbedeckung: Empfehlenswert ist eine Moltoprenmatte, die einfach zu reini-

gen und zu desinfizieren ist. Manche Echsen verstecken sich auch gern darunter. Auch die Luftfeuchtigkeit

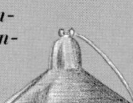

Die Terrarieneinrichtung muß einfach und hygienisch sein.

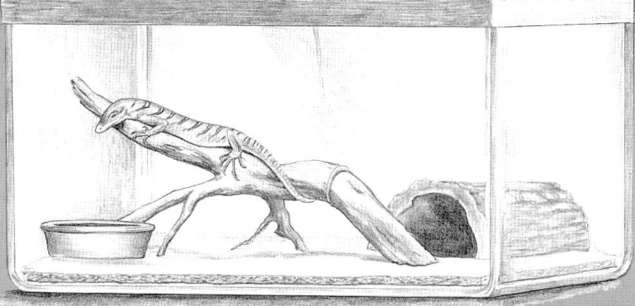

kann reguliert werden, indem Sie die saugfähige Matte entsprechend anfeuchten. Für Basilisken und Agamen ist eine Moltoprenmatte nicht geeignet, weil diese Echsen mit ihren Krallen darin hängenbleiben. Verwenden Sie deshalb Papiervlies.

Trinkwassergefäß: Muß unbedingt vorhanden sein. Echsen, die gerne baden,

dient das Gefäß gleichzeitig als Badebehälter. Es sollte dann so groß sein, daß die Echse ganz hineinpaßt.

Kletter- und Versteckmöglichkeiten: Für Baumbewohner legen Sie einen Kletterast in das Terrarium, für scheue und hektisch reagierende Tiere eine Tonröhre oder Borke als Versteckmöglichkeit. **Hinweis:** Ist die Echse besonders unruhig, verhängen Sie die Frontseite des Terrariums mit einem Tuch oder Papier. Erst wenn sich das Tier vollkommen beruhigt hat, kann der Sichtschutz stückweise entfernt werden.

besonders wichtig. Verschiedene Farben und Düfte der vegetarischen Futtermittel und die unterschiedliche Fortbewegung lebender Futtertiere können den Appetit Ihres Pfleglings reizen. Nehmen Sie sich Zeit für Beobachtungen. Auf diese Weise lernen Sie, wieviel Futter Ihre Echse braucht.

Quarantänemaßnahmen

✔ Echse weitgehend ungestört lassen.
✔ Trink- und Badewasser wechseln.
✔ Auswechseln von verschmutzten Papier- und Moltopreneinlagen.
✔ Kot entfernen und untersuchen lassen.
✔ Temperatur und Luftfeuchte kontrollieren.

DER RICHTIGE UMGANG IM ALLTAG

Die Schaffung eines artgerechten Lebensraumes, die richtige Ernährung und Pflege sind die Voraussetzungen einer erfolgreichen Haltung von Echsen. Nur wenn die Lebensansprüche dieser Tiere erfüllt werden, können sie sich wohl fühlen, lange leben und sich vielleicht sogar fortpflanzen.

Das Terrarium

Im Zoofachhandel werden Terrarien in unterschiedlichen Größen und Ausführungen angeboten. In jedem Fall müssen Sie darauf achten, daß das Terrarium gut verarbeitet und einfach zu bedienen ist.

Größe: Der Raumbedarf der Echsen hängt nicht allein von ihrer Größe, sondern vor allem von ihrem Verhalten ab. So können verhältnismäßig kleine Arten aufgrund ihrer territorialen Lebensweise viel Raum beanspruchen. Diese Echsen bilden Reviere, die verteidigt werden, und kümmern, wenn eine Revierbildung im Terrarium nicht möglich ist. Andere, auch größere Echsen stellen erheblich geringere Raumansprüche, weil sie weder territorial leben noch bewegungsfreudig sind (→ TIP, Seite 11).

Form: Am häufigsten werden längliche Universalterrarien angeboten, bei denen das Verhältnis Länge zu Breite zu Höhe 2:1:1 beträgt. Diese Terrarien sind vor allem für bodenbewohnende Arten geeignet. Für kletternde Echsen, die auf Bäumen oder an Steinwänden leben,

Die nachtaktiven Tokehs sind untereinander nicht immer so verträglich.

empfiehlt sich dagegen ein Terrarium, das doppelt so hoch wie breit ist.

Standort: Terrarien können frei stehen oder in eine Schrankwand eingebaut werden. Wenn Sie an einen Einbau denken, müssen Sie vorher überlegen, ob das Terrarium problemlos geheizt, belüftet, beleuchtet und bestrahlt werden kann. Keinesfalls darf das Terrarium direkter Sonneneinstrahlung ausgesetzt sein, da es sonst schnell überhitzt.

Belüftung

Wichtig für eine erfolgreiche Pflege ist die Versorgung mit Frischluft. Nirgendwo – auch nicht im stickigsten Tropenwald – ist ständig so wenig Luftbewegung, wie in einem allseitig umbauten Raum. Zur Be- und Entlüftung sollte deshalb im unteren Drittel der Seitenwände und der Frontseite sowie im Deckel des Terrariums eine Fläche von jeweils mindestens 10% perforiert sein. Sobald Heizquellen die Luft erwärmen, kommt sie in Bewegung, steigt auf und zieht frische nach. Sollte das Terrarium so eingebaut sein, daß die Belüftung durch Perforierungsflächen nicht möglich ist, ist die Installation einer Aquarienluftpumpe oder eines Rotor- oder Tangentiallüfters erforderlich.

Terrarientechnik

Um Echsen einen geeigneten Lebensraum
schaffen zu können, sind elektrische Geräte wie
Heizer und Lampen nötig. Alle Geräte sind im
Zoofachhandel erhältlich.

Hinweis: Bei elektrischen Geräten Gebrauchs-
anweisung genau beachten und Gefahren
bedenken, die sich im besonderen aus dem
Umgang mit Elektrizität und Wasser ergeben
(→ Wichtige Hinweise, Seite 63).

Beheizung

Spotstrahler: Viele Echsen assoziieren die für sie
nötige Wärme mit Licht und reagieren auf »nur
Wärme« nicht. Sie brauchen eine Wärmequelle,
die gleichzeitig Licht spendet. Für diese Tiere
können Sie Reflektor- oder Preßglasreflektorlampen einsetzen, die auch unter der Bezeich-
nung Spotstrahler im Handel sind. Die Watt-
stärke und damit die erreichte Temperatur hängen von den Ansprüchen der einzelnen Echsen
ab (→ Tierporträts, ab Seite 10). Wo mit Spritz-
wasser zu rechnen ist, Preßglasreflektorlampen
verwenden.

Dunkelstrahler: Für weniger lichtabhängige
Echsen, wie die meisten Geckos, als Heizlampen
die im Handel als Elsteinstrahler angebotenen
Dunkelstrahler einsetzen.

Hinweis: Spot- und Dunkelstrahler so installieren, daß die Tiere sie nicht erreichen und sich
keine Verbrennungen zuziehen können.

Bodenheizung: Eine zusätzliche Bodenheizung
auf höchstens einem Drittel der Fläche ist erforderlich, wenn nachts nach Abschalten der
Wärmequellen die für die Echsen nötige Min-
desttemperatur (→ Tierporträts, ab Seite 10)
nicht gewährleistet ist.
Sie ist auch zu empfehlen, wenn die nötige
Luftfeuchtigkeit nicht durch häufiges Besprühen der Pflanzen erreicht werden kann.

Durch Anfeuchten des beheizten Bodens wird
eine stärkere Verdunstung erzielt. Bodenheizun-
gen sind als Heizkabel, -matten oder Wärme-
steine im Handel.

Hinweis: Die Montageanleitung der Bodenheizung beachten. Nur Heizkabel mit geringer
Oberflächentemperatur verwenden. Decken Sie
Heizkabel oder -matten mit einem Drahtgeflecht aus Chromstahl ab, um Beschädigungen
durch grabende Echsen zu vermeiden.

Beleuchtung

Nur wo ausreichend Helligkeit vorhanden ist,
werden sich tagaktive Echsen aus tropischen
Gebieten wohl fühlen. Da Pflanzen und Tiere
aber unterschiedliche Lichtbedürfnisse haben,
kann bei der Beleuchtung eines Terrariums oft
nur ein Kompromiß erreicht werden.

Leuchtstofflampen eignen sich für Terrarien bis
70 cm Höhe. Sie sind preiswert und sparsam im
Stromverbrauch. Beim Einsatz solcher Lampen
ist das Pflanzenwachstum zufriedenstellend, die
Farbwiedergabe von Tier und Pflanze ist ideal.
Sie geben allerdings kaum Wärme ab.

Spotstrahler sind als wärmende Lichtquelle her-
vorragend geeignet, aber nicht zum Ausleuch-
ten des gesamten Terrariums. Ideal sind Kombi-
nationen von Leuchtstoffröhren und Spotstrah-
lern. Mit Hilfe der Spotstrahler lassen sich ausreichend von den Pflanzen entfernte »Sonneninseln« schaffen.

Quecksilberdampf- und Metallhalogendampf-
lampen sind nur für sehr große Terrarien (mindestens $1m^3$) zu empfehlen. Die Licht- und
Wärmeabgabe sind so groß, daß die Lampen
außerhalb des Terrariums angebracht werden
müssen und zum Schutz von Tier und Pflanze
ein Abstand von mindestens 1 m eingehalten
werden muß.

UV-Strahler regen biologische Abläufe an.
Wichtig für Echsen sind UV-B-Strahlen, die den

Kalziumstoffwechsel steuern, und UV-A-Strahlen, die für die Pigmentbildung der Haut von großer Bedeutung sind.

Hinweis: Eine Gewöhnung an die UV-Strahlung ist unbedingt nötig. Man beginnt mit einer Bestrahlungsdauer von einer Minute und verlängert die Zeit täglich, bis nach zwei Monaten ein Zeitraum von einer Stunde erreicht ist.

Temperatur und Luftfeuchtigkeit

Im Terrarium müssen die täglichen und jahreszeitlichen Schwankungen von Temperatur und Luftfeuchte in der freien Natur mit Hilfe von technischen Geräten nachgeahmt und kontrolliert werden (→ Klimakontrolle, Seite 34):

✔ Zur Steuerung des Tag-Nacht-Rhythmus werden Beheizung und Beleuchtung des Terrariums mit einer Zeitschaltuhr gekoppelt. Ein berufstätiger Echsenhalter, der tagsüber nicht zu Hause ist, kann mit Hilfe der Zeitschaltuhr Tag- und Nachtzeiten so geschickt wählen, daß er seine Echsen noch am Abend beobachten kann.

✔ Für die Regelung der Temperatur ist es nötig, einen Thermostat mit Schaltuhr zu installieren. Wählen Sie einen sicheren Standort, an dem das Gerät für die Tiere nicht erreichbar ist und nicht beschädigt werden kann. Thermostat nicht im direkten Strahlungsbereich einer Wärmelampe anbringen.

✔ Da Thermostate einem Verschleiß ausgesetzt sind und irgendwann defekt werden, sollten Sie die Temperatur im Terrarium zusätzlich mit einem Thermometer überprüfen. Dazu eignet sich ein einfaches Raumthermometer genauso wie ein batteriebetriebenes Digitalthermometer. Empfehlenswert ist ein Minimum-Maximum-Thermometer, das ständig an die Niedrigst- und Höchstwerte erinnert.

✔ Die Luftfeuchtigkeit wird mit Hilfe eines Hygrometers gemessen.

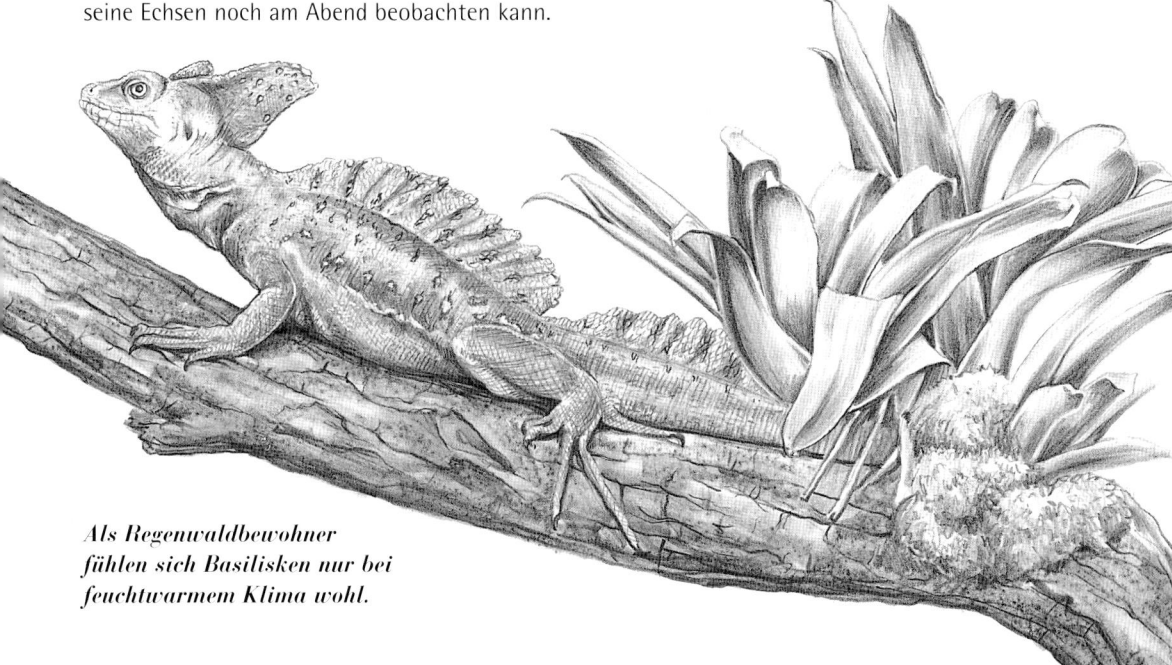

Als Regenwaldbewohner fühlen sich Basilisken nur bei feuchtwarmem Klima wohl.

Pflanzen im Terrarium

Pflanzen erfüllen im Terrarium nicht nur einen dekorativen Zweck. Sie beeinflussen auch das Klima, bieten den Echsen Deckung und Sichtschutz und lassen so die für viele Arten notwendigen Territorien entstehen.

Die richtige Auswahl der Pflanzen

Für das Wohlbefinden der Echsen ist es nicht notwendig, daß die Pflanzen aus demselben Verbreitungsgebiet stammen wie sie selbst. Vielen Terrarianern macht es allerdings Spaß, eine geographische Einheit zwischen Tieren und Pflanzen herzustellen. Sowohl Pflanzen aus Trockengebieten als auch Pflanzen aus dem Regenwald (→ Seite 32) gibt es in großer Auswahl. Beim Kauf sollten Sie darauf achten, daß die Pflanzen für die Echsen auch kräftig genug sind. Halten Sie einen Sprung aus oder sich festklammernde scharfe Krallen? Hartlaubige, dunkelgrüne Arten sind in der Regel weniger empfindlich als weichlaubige, hellgrüne oder gar buntblättrige Arten.

Pflanzenpflege

Lichtversorgung: Licht ist für Pflanzen lebensnotwendig. Mit seiner Hilfe entsteht das Chlorophyll (Blattgrün), das Voraussetzung für die Stärkeerzeugung in der Pflanze ist. Wenn zu wenig Licht angeboten wird, versucht die Pflanze, ihm entgegen zu wachsen. Sie bekommt immer länger und dünner werdende Triebe. Pflanzen mit solchen Mangelerscheinungen sollten aus dem Terrarium genommen und zur Regeneration für einige Zeit an einen besonders hellen Platz gestellt werden. Mit Leuchtstofflampen können für Pflanzen ausreichende Lichtverhältnisse geschaffen werden (→ Seite 26).

Pflanzsubstrat: Als Bodensubstrat für Terrarienpflanzen ist Laub- oder Nadelerde empfehlenswert. Ist die Füllung höher als 5 cm, sollte darunter eine Dränageschicht aus Kies oder Tonscherben angelegt werden.

Epiphyten (Aufsitzerpflanzen): Diese Pflanzen sind typisch für den tropischen Regenwald und werden auf Äste gepflanzt:

✔ Topfballen von nicht durchwurzelter Erde befreien.

✔ In Moos, Kokosfasern, Farnwurzeln oder ein anderes wasserdurchlässiges Pflanzsubstrat einpacken und in eine Astgabel pressen oder am Ast festbinden.

✔ Aufsitzerpflanzen können auch in ein Astloch oder in einen Bruch gesteckt werden.

✔ Epiphyten sind empfindlich gegen Staunässe. Damit Gießwasser gut abfließen kann, sollten Sie direkt unterhalb der Pflanze ein kleines Loch durch den Ast bohren.

Gießen: Als Gießwasser nur sauberes Regenwasser oder entsalztes Wasser verwenden, das man kaufen oder mit einer Umkehr-Osmose-Anlage (Zoofachhandel) selbst herstellen kann. Die Temperatur des Gießwassers sollte der im Terrarium entsprechen. Wenn das Wasser versprüht wird, läßt sich die Menge besser regulieren als mit der Gießkanne.

Pflanzenschädlinge: Im Terrarium dürfen keine Pflanzenschutzmittel eingesetzt werden! Versuchen Sie, Blatt-, Woll- oder Schildläuse mit einem feuchten, weichen Tuch oder Schwamm abzuwischen. Und erhöhen Sie die Luftfeuchtigkeit, da sich Schadinsekten bevorzugt in zu trockenem Milieu ansiedeln.

Auswechseln von Pflanzen: Pflanzen, die zuwenig Licht bekommen oder permanent von Schädlingen befallen sind, müssen aus dem Terrarium genommen werden. Erleichtern Sie sich das Auswechseln, indem Sie die Pflanzen im Topf lassen und so tief im Bodengrund des Terrariums eingraben, daß der Topfrand nicht mehr zu sehen ist.

Ananasgewächse sind typische Regenwald-
pflanzen (→ Seite 32).

Blühende Tradeskantien sind eine Besonder-
heit (→ Seite 32).

Pflanzen aus Trockengebieten

Die Pflege von Pflanzen aus Trockengebieten
erweist sich oft als schwierig, da Luftfeuchtigkeit und Lichtverhältnisse im Terrarium meistens unzureichend für sie sind. Sie müssen
deshalb zum Regenerieren öfter ausgewechselt
werden.

Warzenkaktus (*Mammillaria*): In mehreren Arten angeboten; wird unterschiedlich groß; wie
alle Kakteen im Winter hell, kühl und trocken
stellen, blüht dann gelegentlich.

Feigenkaktus (*Opuntia*): In mehreren Arten angeboten; wird unterschiedlich groß; auf Arten
mit besonders großen Stacheln verzichten.

Bogenhanf (*Sansevieria*): In unterschiedlich
großen Formen und Arten angeboten; stärker
gießen als Dickblattgewächse.

Dickblatt und Geldbaum (*Crassula*): Sollten
häufig ausgewechselt werden, weil die neuen
Triebe rasch ausschießen.

Wolfsmilch (*Euphorbia*): In vielen Arten und
unterschiedlichen Größen im Handel erhältliche
Bodenpflanzen (→ Foto, Seite 32).

Tigeraloe, Gasterie und Haworthie (*Aloë/Gaste-*
ria/Haworthia): Kleiner bleibende Pflanzen, die
in mehreren Arten angeboten werden; unkom-
pliziert in der Haltung; vor allem für kleinere
Terrarien geeignet.

Das Wüstenterrarium

Der karge Lebensraum des Wüstenterrariums läßt sich mit Sand, Steinen und trockenen Hölzern gut darstellen und strukturieren.

Steinaufbauten: Sie müssen direkt auf den Terrarienboden gestellt und mit Silikon unverrückbar montiert werden. Auf Sand gebaut, werden sie untergraben und kippen. Auch die einzelnen Steine müssen mit lebensmittelechtem Silikon verklebt werden. Künstliche Steinkulissen bietet der Zoofachhandel an.

Präsentierplätze und Schlupfwinkel: Steinaufbauten und Kletteräste, die zugleich Sonneninseln sind, werden von dominanten Echsen auch als Präsentierplätze genutzt, deshalb ist ihre Lage mit der Installation der Spotstrahler abzustimmen. Als Verstecke geeignet sind Höhlen in Steinaufbauten, Wurzeln und Halbschalen aus Holz oder Zierkork. Den Boden solcher Höhlen täglich befeuchten, damit auch während der heißen Tageszeit kühle Schlupfwinkel zur Verfügung stehen. Die Höhlen müssen so geräumig sein, daß einem verfolgtem Tier die Flucht möglich ist, und der Schlupfwinkel nicht zum Gefängnis wird. Es ist von Vorteil, wenn Verstecke für den Pfleger einzusehen und zugänglich sind.

Pflanzzone: Ist ein Wüstenterrarium mindestens 0,5 m² groß, kann es partiell auch mit lebenden Pflanzen (→ Seite 29) eingerichtet werden. Wo Wärme- und UV-Strahlung die Pflanzen gefährden, sind getrocknete Gräser und Pflanzen zu empfehlen.

Das Regenwaldterrarium

Auffälligstes Merkmal eines Regenwaldterrariums sind die üppig wachsenden Pflanzen (→ Seite 32). Sie erfüllen einen dekorativen Zweck und bilden zugleich Reviergrenzen für territorial lebende Echsenarten.

Rück- und Seitenwände gestalten:

✔ Um eine Pflanzwand anzulegen, wird ein Geflecht aus Kunststoff oder Chromstahldraht (Maschenweite 5 bis 15 mm) auf einen Rahmen montiert und mit Silikon auf die Terrarienwand geklebt. Den Zwischenraum mit Torf und Moos füllen. Stecklinge von Kletter- und Ampelpflanzen direkt in das Substrat stecken und mit Draht- oder Kunststoffklemmen befestigen.

✔ Als Substrat für Kletterpflanzen eignen sich auch Baumfarn-Platten (Xaxim), die mit Silikon an die Terrarienwand geklebt werden. Nach Abtrocknen des Klebers feucht halten.

✔ Mit Baumborke, Schalbrettern oder Bambus verblendete Wände bieten

Wüstenlandschaften lassen sich mit Steinen und Pflanzen reizvoll gestalten.

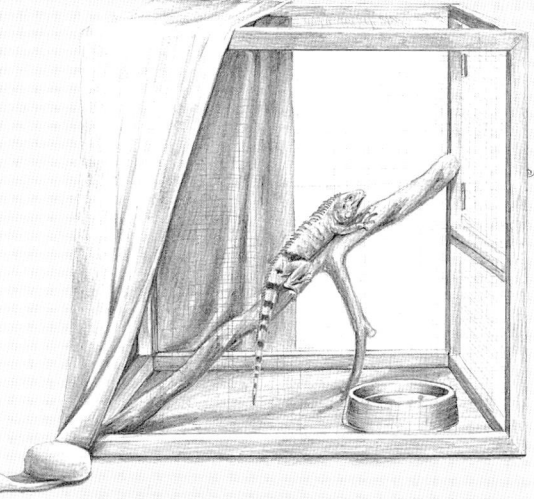

Sonnenterrarium

Wie eine Kur wirkt für Ihre Echsen an warmen Sonnentagen ein Aufenthalt im Freien. Aus Drahtgeflecht und Latten können Sie ein Sonnenterrarium anfertigen. An Größe genügt etwa die Hälfte der normalen Terrariengröße. Zur Abkühlung müssen stets Schatten und eine Bademöglichkeit vorhanden sein.

Ein Sonnenbad im Freien, ohne UV-filterndes Glas, fördert den Stoffwechsel der Echsen.

ideale Klettermöglichkeiten für baumbewohnende Arten. Die Verschalung darf keine unkontrollierbaren Schlupfwinkel für Echsen und Futtertiere haben.

Epiphyten- und Kletteräste: Für epiphytisch wachsende Pflanzen (→ Seite 28) sind Äste von Robinie, Rebstöcken und Flieder geeignet, weil das Holz wenig feuchtigkeitsempfindlich ist. Als Kletteräste eignen sich auch Eichen- oder Obsthölzer. Schneiden Sie die Äste so zurecht, daß die Schnittflächen glatt an den Behälterwänden anliegen, und befestigen Sie die Hölzer mit Silikon oder Schrauben am Behälterboden, um Kippen und Verrutschen zu verhindern. Die Äste niemals über Kreuz montieren. Die Echsen könnten sich sonst den Schwanz einklemmen.

Bodensubstrat: Ideal ist ein- bis höchstens zweijährige Laub- oder Nadelerde, die in größeren Terrarien mit Fallaub bedeckt wird.

Darin können sich bodenbewohnende Echsen sowohl verstecken als auch – wenn sie nicht überfüttert sind – nach Nahrung suchen.

Im dicht bepflanzten Regenwaldterrarium finden Echsen viele Verstecke.

Wasser- und Badebehälter

Wüstenterrarium: Oft genügt eine Delle in einem Stein oder ein kleiner Wasserbehälter, ein größeres Wasserbecken ist nicht nötig.

Regenwaldterrarium: Die meisten Echsen trinken Gießwasser, das sich in Tropfen auf den Blättern der Pflanzen sammelt. Arten, die gerne baden, benötigen ein Wasserbecken. Es muß so groß sein, daß die größte Echse darin bequem Platz hat.

Pflanzen aus dem Regenwald

<u>Philodendron</u> (*Philodendron*): In mehreren Arten und unterschiedlichen Größen im Handel. Ampel- und Rankpflanzen mit kleinen bis mittelgroßen Blättern; bilden Luftwurzeln.

<u>Scheidenblatt</u> (*Spathiphyllum*): Krautige Bodenpflanze; gelegentlich mit weißen Blüten; kleine Formen sind für Terrarien gut geeignet.

<u>Ananasgewächse</u> (*Bromeliaceae*): Durch ihren typischen Wuchs und die meistens epiphytische Lebensweise bestens geeignet, um Kleinlandschaften zu gestalten (→ Foto, Seite 29).

✔ *Vriesea splendens*, eine große Art mit schön gezeichneten Blättern, von der auch kleiner bleibende Formen angeboten werden; epiphytisch; Blätter wachsen, wie bei den meisten Ananasgewächsen, rosettenförmig und bilden eine Zisterne, in die auch gegossen wird; vielen Echsen dient die Zisterne als Tränke.

✔ *Tillandsia*, in vielen Arten angeboten. Musterbeispiele epiphytischer Lebensweise; wachsen teilweise ohne Pflanzstoff, nur auf Holz gebunden; benötigen viel Licht und nachts hohe Luftfeuchtigkeit.

✔ *Aechmea, Guzmania* und *Nidularium* werden in mehreren Arten und als Hybriden angeboten. Unterschiedliche Größen, daher für viele Terrarien geeignet; epiphytisch; empfindlich gegen Staunässe.

✔ *Cryptanthus*, in vielen Arten angeboten. Sehr dekorativ; überwiegend am Boden und nur gelegentlich epiphytisch wachsend.

<u>Tradeskantie</u> (*Tradescantia*): In vielen Arten und Formen angebotene Boden-, Ampel und Rankpflanze (→ Foto, Seite 29).

<u>Marantagewächse</u> (*Maranta/Calathea*): Krautige Bodenpflanzen; für größere Terrarien geeignet; lichtbedürftig.

<u>Kolbenfaden</u> (*Aglaonema*): In vielen Arten und Formen angebotene krautige Bodenpflanze; muß gelegentlich zurückgeschnitten werden.

Wolfsmilchgewächse stammen aus Afrika und eignen sich für die Bepflanzung von Wüstenterrarien (→ Seite 28).

<u>Efeutute</u> (*Epipremnum pinnatum*): Boden-, Ampel- und Rankpflanze; gedeiht auch unter vergleichsweise ungünstigen Bedingungen; bildet Luftwurzeln.

<u>Birkenfeige</u> (*Ficus benjamina*): kleinblättriger Gummibaum; besonders für größere Terrarien geeignet.

<u>Schwertfarn</u> (*Nephrolepis exaltata*): In vielen Formen angebotene Bodenpflanze; empfindlich gegen Staunässe und Bodenwärme.

<u>Zierspargel</u> (*Asparagus*): In mehreren Arten angebotene Boden- und Ampelpflanzen; empfindlich gegen Staunässe.

10 Goldene Regeln
für die Pflege

1 Echsen benötigen keine Streicheleinheiten, wohl aber den Sachverstand des Pflegers.

2 Regelmäßige Pflege und Hygiene sind nicht nur für die Gesundheit der Tiere unerläßlich, auch Sie schützen sich dadurch.

3 Ein überschaubar eingerichtetes Terrarium erleichtert die Pflege und hilft Schäden zu vermeiden.

4 Veränderungen im Verhalten und Aussehen der Tiere sind durch exaktes und regelmäßiges Beobachten frühzeitig erkennbar.

5 Beobachtungen notieren, denn Aufzeichnungen können beim Auftreten von Problemen zu wertvollen Hilfen werden.

6 Stören Sie Ihre Echsen so wenig wie möglich durch Arbeiten am Terrarium. Abgesehen von der nötigen Reinigung sollten die Tiere unbehelligt bleiben.

7 Jede Störung bedeutet für die Echsen Streß, auch wenn sich mit zunehmender Gewöhnung die Scheu der Tiere verringert.

8 Fäkalien täglich entfernen, dabei Kotbeschaffenheit kontrollieren. Befinden sich Kot und Harn im Wasserbecken, das Wasser ganz auswechseln, ansonsten frisch auffüllen.

9 Verwenden Sie zum Besprühen der Pflanzen nur sauberes Regenwasser oder entsalztes Wasser aus dem Fachhandel.

10 Terrarien stets sorgfältig verschließen. Entwichene Echsen haben keine Überlebenschance, außerdem könnten sie Angst und Schrecken verbreiten.

Wichtige Pflegemaßnahmen

Um Ihren Echsen beste Lebensbedingungen zu bieten, sind regelmäßige Pflege- und Reinigungsmaßnahmen nötig. Bei täglichen Arbeiten verbleiben die Echsen im Terrarium, nur bei umfangreicheren Maßnahmen, wie der Erneuerung der Einrichtung, müssen die Tiere herausgenommen und kurzzeitig im Quarantäneterrarium untergebracht werden.

Hinweis: Nach der Arbeit im Terrarium und mit den Tieren die Hände gründlich reinigen.

Klimakontrolle im Terrarium

Da Echsen keine Eigenwärme produzieren, sind sie auf die richtige Umgebungstemperatur angewiesen. Aber nicht nur die Temperatur, auch Luftfeuchte, Licht und der Wechsel von Jahreszeiten und Tag und Nacht sind von Bedeutung. Für den Pfleger bedeutet das, daß er diese Faktoren ständig kontrollieren muß (→ Technik, Seite 26/27).

Temperaturkontrolle: Sie ist besonders dort wichtig, wo die Temperatur im Terrarium von außen, beispielsweise durch einfallende Sonne, beeinflußt werden kann.

Feuchtigkeitskontrolle: Die Luftfeuchtigkeit ist für Echsen aus extremen Klimabereichen von besonderer Bedeutung. Das gilt für Echsen aus tropischen Bergwäldern, in denen es nachts naß und neblig wird ebenso wie für Echsen aus Wüstengebieten, wo die relative Luftfeuchtigkeit durch die nächtliche Kühle ebenfalls kurzfristig bis 100% beträgt. Die erforderliche Luftfeuchtigkeit wird durch Besprühen der Pflanzen oder durch Anfeuchten eines schwach beheizten Bodengrunds erreicht.

Reinigung des Terrariums

✔ Um Reinigungsarbeiten sorgfältig durchführen zu können, ist eine übersichtliche Anordnung der Dekoration erforderlich.

✔ Reinigungsutensilien wie Schwamm, Bürste, Schaufel und Pinzetten werden nach jeder Benutzung gründlich mit heißem Wasser gereinigt und hin und wieder desinfiziert.

✔ Fäkalien müssen aus hygienischen Gründen täglich entfernt werden.

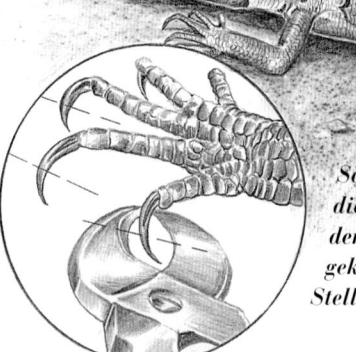

Schneiden Sie die Krallen an den mit Strichen gekennzeichneten Stellen.

✔ Das Bodensubstrat muß gelegentlich erneuert werden, spätestens bei Geruchsbelästigung. Echsen während dem Wechsel aus dem Terrarium nehmen.

Pflege mehrerer Terrarien

Wichtig sind hygienische Maßnahmen vor allem, wenn Sie mehr als ein Terrarium betreuen. Um die Gefahr einer Infektion oder die Verschleppung von Parasiten auszuschließen, beachten Sie folgendes:

✔ Für jedes Terrarium separate Reinigungsutensilien verwenden und nach jedem Gebrauch gründlich desinfizieren.

✔ Futterreste oder Futtertiere, die nicht angenommen wurden, dürfen auf keinen Fall in einem anderen Terrarium verfüttert werden.

✔ Vor der Neueinrichtung eines Terrariums Behälter und Geräte gründlich reinigen, neue Dekoration verwenden.

Wasseraustausch

Wasser von Trink- und Badegefäßen wechseln, sobald es durch Fäkalien oder Futterreste verschmutzt ist. Frisches Wasser in Badebecken der gewohnten Temperatur angleichen.

Körperpflegemaßnahmen

Nur in Ausnahmefällen sind Maßnahmen zur Körperpflege der Echsen nötig.

Hautreste: Meistens häuten sich Echsen problemlos, nur gelegentlich bleiben, bedingt durch unzureichende Feuchtigkeit, Hautreste an den Endgliedern der Zehen. Trocknen sie ein, können sie die Zehen so stark einschnüren, daß Teile davon absterben. Um das zu verhindern, den Fuß kurz in warmem Wasser einweichen, oder die Echse auf einer nassen Moltoprenmatte laufen lassen (→ Seite 59). Dann die Haut entfernen. Bei Echsen mit Haftlamellen an den Zehenunterseiten sind Häutungsprobleme auch daran zu erkennen, daß sie glatte Flächen nicht mehr erklimmen können.

Krallen schneiden: Nur bei am Boden lebenden Echsen müssen überlange Krallen gestutzt werden. Kletternde Arten brauchen lange und scharfe Krallen. Lassen Sie sich das Krallenschneiden am besten vom Tierarzt zeigen. Achten Sie darauf, daß Sie nicht in den durchbluteten Teil der Krallen schneiden (→ Seite 34).

VERSORGUNG IM URLAUB

Für die Zeit Ihres Urlaubs müssen Sie eine zuverlässige Vertretung finden, die regelmäßig kontrolliert. Die Urlaubspflege können Sie folgendermaßen erleichtern:

✔ *Durch eine Pseudo-Ruhezeit mittels Herabsetzen der Temperatur um etwa 5 °C können alle Lebensvorgänge im Terrarium erheblich verlangsamt werden. Alle Heizer und Strahler abschalten, nur das für die Pflanzen notwendige Licht bleibt unverändert. Dadurch unterbleibt die Nahrungsaufnahme – und damit auch die Verschmutzung – ganz oder größtenteils.*

✔ *Darauf achten, daß sich das Terrarium durch einfallende Sonnenstrahlen nicht aufheizt. Sonst brauchen Tiere und Pflanzen erheblich mehr Wasser.*

✔ *Geben Sie akzeptable Niedrigst- und Höchsttemperaturen an, um Verunsicherung des Pflegers bei geringen Temperaturabweichungen zu vermeiden.*

✔ *Terrarien am Tag vor der Abreise gründlich reinigen, die Tiere danach nicht mehr füttern.*

✔ *Dauert Ihr Urlaub länger als zwei Wochen, sollten die Echsen von der Vertretung gefüttert werden.*

Die richtige Ernährung

So vielseitig die Lebensräume der Echsen sind, so sind auch die Ernährungsweisen. Es gibt Echsen, die ausschließlich tierische oder pflanzliche Nahrung zu sich nehmen, oder beides. In den Tierporträts (→ ab Seite 10) finden Sie genaue Angaben zur Ernährung der einzelnen Echsenarten.

Pflanzliche Nahrung

Gräser und Kräuter: Für Pflanzenfresser sind wildwachsende Gräser und Kräuter wie Löwenzahn, Wegerich, Klee, Vogelmiere und Melde die wertvollste Nahrung. Sammeln Sie die Kräuter aber wegen der hohen Schadstoffbelastung nicht am Rand von stark befahrenen Straßen.

Obst und Gemüse: Eine vollwertige Nahrung sind auch Obst und Gemüse aus biologischem Anbau. Wichtig sind wegen ihres Vitamingehalts Zitrusfrüchte, Paprika, Möhren, Spinat und Grünkohl.

Reismischungen: Im Winter, wenn die Versorgung mit Frischfutter schwierig ist, eignet sich als Abwechslung gekochter Reis mit Bananen, Äpfeln oder ungeschwefelten Rosinen. Zur Förderung der Verdauung hat es sich bewährt kurzgeschnittenes Heu unterzumengen, je nach Größe der Echsen 0,5 bis 5 cm lang. Um Mangelerscheinungen bei den Tieren auszuschließen, wird das Reis-Obst-Gemisch mit Vitamin- und Mineralstoffpräparaten angereichert (→ Praxis Ernährung, Seite 38).

Tierische Nahrung

Animalisch lebende Echsen sollten als sogenannte Beutegreifer die Möglichkeit bekommen, lebende Futtertiere zu jagen. Reines Muskelfleisch wie z.B. Gehacktes ist für diese Echsen ungeeignet. Skelett, Haare, Schuppen, Chitin und Mageninhalte von Beutetieren sind für die Mineralstoff- und Vitaminversorgung sowie für die Verdauung von großer Bedeutung.

Hinweis: Futtertiere sind im Zoofachhandel in verschiedenen Größen erhältlich. Bei vielen Händlern können Sie Futtertiere im Abonnement beziehen und bekommen sie nach Absprache geliefert.

Kleinsäuger, Insekten und Spinnentiere:
✔ Mäuse und Wanderheuschrecken werden gerne von größeren Echsen genommen.
✔ Heimchen und Grillen sind für viele Echsen eine geeignete Nahrung.
✔ Schaben nur abgebrüht verfüttern.
✔ Blattläuse und Essigfliegen sind ideal für die Versorgung junger Echsen. Im Sommer können Sie die Fliegen mit Obst ködern.
✔ Insekten und Spinnentiere können Sie über den Zoofachhandel beziehen oder mit einem Streifnetz in krautigen Wiesen und an Feldrainen selbst sammeln. Allerdings dürfen Sie nicht in Schutzgebieten auf »Jagd« gehen und unter den gefangenen Futtertieren dürfen sich keine geschützten Arten befinden.

Hinweis: Über Naturschutzverordnungen informieren Gemeinde- und Stadtverwaltungen.

Süßwasserfische: Bieten Sie Futterfische nie als Filet an, sondern immer im ganzen, mit Schuppen, Gräten, Eingeweiden und Mageninhalt, um die Mineralstoff- und Vitaminversorgung weitgehend zu sichern.

Schnecken und Würmer: Bei feuchtem Wetter lassen sich Weg- und Gehäuseschnecken sammeln. In einem genügend großen, verschließbaren Behälter mit Luftlöchern können sie einige Wochen in einem kühlen Raum oder im Kühlschrank gehalten werden. Auch die im Feinkosthandel erhältlichen Weinbergschnecken können Sie verfüttern. Regenwürmer können Sie über Angelsportgeschäfte beziehen, im eigenen Garten ausgraben oder an warmen Regentagen einsammeln.

Vitamine und Mineralstoffe

Vitamine sind Auslöser lebensnotwendiger Stoffwechselvorgänge. Sie werden mit der Nahrung aufgenommen oder während Verdauungsprozessen gebildet.

Mineralstoffe wie Calcium, Phosphor und Magnesium dienen in erster Linie dem Knochen- und Zahnaufbau. Deshalb müssen vor allem im Wachstum befindliche Jungtiere gut mit Mineralstoffen versorgt werden.

Spurenelemente wie Kalium, Eisen, Jod, Fluor und Selen sind wichtig für die Bildung von Enzymen und Hormonen.

Vitamin- und Mineralstoffpräparate: Damit Echsen auch bei der Terrarienhaltung genügend Vitamine und Mineralstoffe aufnehmen können, müssen diese Stoffe der Nahrung oder dem Trinkwasser zugesetzt werden. Bei Mangeler-

Der Stirnlappenbasilisk kann in schnellem Tempo über Gewässer laufen.

scheinungen (› ab Seite 54) kann auch eine direkte Verabreichung erforderlich sein.

Vitamin- und Mineralstoffpräparate sind als Tropfen und als Pulver im Zoofachhandel, in Apotheken oder beim Tierarzt erhältlich, der auch die therapeutische Dosierung nennen kann. Tropfen werden den Tieren direkt ins Maul verabreicht, Pulver wird unter die Nahrung gemischt. Gebrauchsanleitung beachten.

Hinweis: Zur Deckung des Mineralstoffbedarfs der Echsen können Sie auch Eierschalen oder den Schulp von Tintenfischen (Sepiaschale) zerbröseln und wöchentlich etwas davon ins Terrarium streuen.

Fütterungszeiten

Tagaktive Echsen füttert man im Laufe des Tages beziehungsweise während der Tagphase, die durch eine Zeituhr vorgegeben ist (→ Seite 27). Nachtaktive Echsen bekommen ihr Futter gegen Abend.

Fütterung vegetarischer Echsen

Reis, Obst und Gemüse werden in einem Napf angeboten, Kräuter, Gräser und Blattgemüse auf den Terrarienboden gelegt. Bei mehreren Echsen sollten Sie das Grünzeug an verschiedenen Plätzen im Terrarium auslegen, damit auch rangniedere Tiere an das Futter herankommen.

Während der Wintermonate das Angebot mit Reis und einem Vitamin-Mineralstoff-Präparat ergänzen.

Ein zutraulicher junger Ritteranolis verspeist ein Insekt.

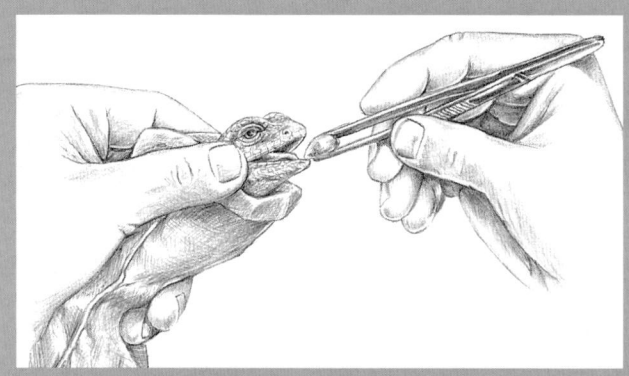

Bei der Zwangsfütterung wird das Tier behutsam gehalten und die Nahrung vorsichtig eingeführt.

Zwangsfütterung

Eine Echse, die längere Zeit die Nahrung verweigert, muß zwangsgefüttert werden. Ziehen Sie aber unbedingt einen erfahrenen Terrarianer zu Rate, bevor Sie zu Zwangsmaßnahmen greifen.

Kleine Echsen halten Sie bei der Zwangsfütterung mit einer Hand und öffnen mit der anderen das Maul des Tieres (→ Zeichnung). Bei größeren Echsen brauchen Sie jemanden, der Ihnen hilft. Den Körper der Echse stecken Sie am besten in einen Leinenbeutel, um Verletzungen durch die scharfen Krallen der Echsen zu vermeiden. Während eine Person die Echse hält (→ Seite 54), öffnet die andere das Maul des Tieres. Ist eine Kehlwamme oder genügend Haut am Unterkiefer vorhanden, wird die Echse dort gepackt und das Maul mit stetem Zug geöffnet. Damit das Maul geöffnet bleibt, legen Sie einen Holzspatel oder ein Vaginalspekulum hinein.

Weil sich durch das Präparat Aussehen, Geruch und Geschmack des Futters verändern, müssen Sie die Echsen durch langsame Steigerung der Dosis an den Zusatz gewöhnen.

Fütterung animalisch lebender Echsen

Schnecken werden in kleinen Mengen lebend ins Terrarium gegeben. Die Echsen knacken die Gehäuse sehr gerne selbst.

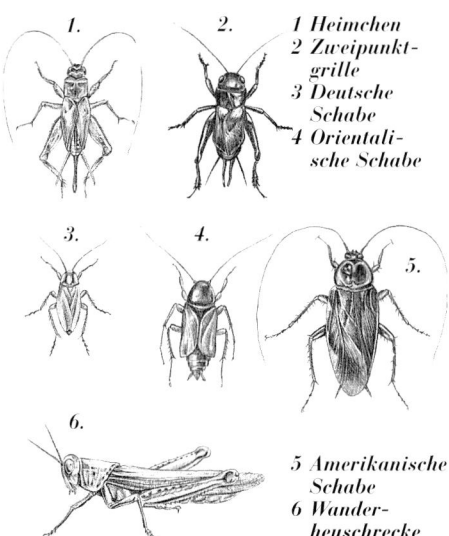

1 Heimchen
2 Zweipunkt-
grille
3 Deutsche
Schabe
4 Orientali-
sche Schabe

5 Amerikanische
Schabe
6 Wander-
heuschrecke

Futterzusätze: Lebende Insekten in eine verschließbare Dose geben, in die man zuvor eine Prise eines Vitamin-Mineralstoff-Präparats hineingegeben hat. Die Dose wird dann kräftig geschüttelt, die »bemehlten« Insekten werden sofort verfüttert, damit sie sich nicht mehr reinigen können. Für große Echsenarten wird das Präparat in die Bauchhöhle abgetöteter Mäuse oder Fische gegeben. Kleinere Echsen, die Trinkwasser tropfenweise aufnehmen, erhalten die Vitamine im Trinkwasser.

Versuchen sie nicht, gesunden Pfleglingen Futterzusätze unter Zwang einzuflößen. Der Streß, der durch das Einfangen und Öffnen des Mauls ausgelöst wird, kann mehr schaden als die Vitamin-Mineralstoff-Zufuhr nützen würde.

Tränken der Tiere

Regenwaldterrarium: Pflanzen täglich mit Wasser besprühen, die Tiere lecken die Tropfen von den Blättern. Zusätzliches Wasser in Trink- und Badegefäßen 3mal wöchentlich wechseln.

Wüstenterrarium: Täglich Wasser versprühen, jedoch nur partiell und weniger intensiv. Wasser im Trinkgefäß täglich wechseln.

Große Weinbergschnecken sollten vor dem Verfüttern abgebrüht, aus dem Gehäuse genommen und zerkleinert werden.

Blattläuse mit Blättern und auf Pflanzenstengeln ins Terrarium legen.

Lebende Insekten den Echsen einzeln vorwerfen, damit die Futtertiere möglichst sofort gefressen werden. Eingewöhnten Echsen wird das lebende Insekt mit der Pinzette angeboten. Entwichene Heimchen und Grillen stören nicht nur durch ihr nächtliches Zirpen, sie können auch Pflanzen und sogar die Echsen anbeißen.

Kleinsäuger und Fische mit der Pinzette anbieten. Bei der Eingewöhnung neuer Echsen lebende Tiere verfüttern. Die Bewegungen der Beute regen den Appetit an.

Hinweis: Futtertiere aus der Tiefkühltruhe vor dem Verfüttern unbedingt soweit auftauen, daß sie durch und durch Zimmertemperatur haben.

*Tautropfen decken den Wasserbedarf
vieler Echsen.*

Echsenzucht

Eine erfolgreiche Nachzucht ist für den Pfleger
die Bestätigung einer optimalen Haltung. Leider
garantiert der Besitz von gut gepflegten Männchen und Weibchen noch keine erfolgreiche
Nachzucht, entscheidend ist die Auslösung des
Fortpflanzungstriebes. Wesentliche Faktoren
können die Tageslänge und das Klima sein. Zum
Beispiel kann in Äquatornähe der Wechsel von
Trocken- und Regenzeiten Ruhe- und Fort-
pflanzungsperioden bestimmen.
Deshalb ist es wichtig, über die Herkunft der
Echse und ihre Klimaansprüche möglichst genau informiert zu sein.

Die Balz
In der Paarungszeit sind die vielfältigen Formen
der Balz zu beobachten.
✔ Leguane präsentieren beim Balzen kopfnickend ihre Kehlwamme.
✔ Agamen balzen ebenfalls mit dem Kopf
nickend und »winken« dabei, indem sie mit einem Vorderbein kreisende Bewegungen aus-
führen.
✔ Anolis-Männchen werben mit schnellen
Nickbewegungen des Kopfes und aufgestellter
Kehlwamme.
Wenn die Echsen während der Paarungszeit
trotz ihrer Aktivitäten zunächst keine Nahrung
aufnehmen, besteht kein Grund zur Sorge,
wenn sie vorher optimal ernährt wurden. Die
Nahrungsaufnahme erfolgt später, und nicht
selten in überdurchschnittlicher

Weise bei den Weibchen, die man in dieser Zeit
gewähren lassen sollte, denn die Eiproduktion
erfordert einen überdurchschnittlichen Ener-
giebedarf.

Die Paarung
Die Geschlechtsorgane der Reptilien sind durch
die Kloakenspalte verborgen. Das Begattungs-
organ des Männchens, der zweizipfelige Hemipenis, ruht in taschenförmigen Räumen des
Schwanzes. Bei der Begattung, der Kopulation,
nähert sich die männliche Echse dem Weibchen
seitlich. Die Männchen mancher Echsenarten
beißen dabei in den Nacken des Weibchens und
versuchen mit der Kloake möglichst nahe an
die des Weibchens zu gelangen. Der Hemipenis
ist bei den Echsenarten auf verschiedene Weise
gefurcht, mit Dornen oder Widerhaken verse-
hen und ermöglicht so eine sichere Verbindung
während der Begattung. Bei einigen Reptilien
überleben die Spermien im Weibchen über längere Zeit, so daß eine Befruchtung später rei-
fender Eier noch nach Monaten möglich ist. Die
Tragzeit des Weibchens dauert je nach Art unterschiedlich lange.

Die Eiablage
Naht der Tag der Eiablage, wird das Weibchen
das Bodensubstrat inspizieren und an vielen
Stellen Löcher in den Boden graben (→ Zeichnung, Seite 42/43). So oft bis eine dieser Probe-
bohrungen seine Zustimmung findet, dann beginnt es mit der Eiablage.
In den meisten Fällen ist es erforderlich, daß
die Eier in einen Brutschrank (Inkubator) überführt werden. Das darf aber nicht geschehen,
bevor das Weibchen die Eiablage beendet und

*Junge Taggeckos schlüpfen aus hart-
schaligen Eiern.*

die Nestgrube wieder geschlossen hat. Jeder zu früh erfolgte Eingriff ist eine Störung und kann den Abbruch der Eiablage bedeuten und eine Legenot zur Folge haben!

Bei der Paarung umklammert das Männchen des Großen Taggeckos das Weibchen (→ links) und packt es am Hals (→ rechts).

Überführen der Eier in den Inkubator

Für die Bebrütung der Eier (Zeitigung oder Inkubation) wird ein Brutschrank benötigt. Er sollte schon während der Paarungszeit bereitgestellt werden. Gut geeignet ist ein ausgedientes Aquarium. Installiert werden muß darin eine mittels Thermostat geregelte Wärmequelle. Die Temperatur soll 26-30 °C betragen, also etwa den Haltungstemperaturen entsprechen. Vor dem Überführen der Eier müssen Sie sicher-

stellen, daß die notwendige Temperatur auch wirklich gewährleistet ist.

✔ Für das Gelege wird ein Klarsichtgefäß benötigt. Gefüllt wird es mit Vermiculit (Zoofachhandel), einem zur Wärmedämmung gebrannten Glimmer. Vermiculit wird in verschiedenen Körnungen geliefert. Am besten mischt man Vermiculit Nr. 3 VET mit Wasser in einem Verhältnis von 1:1,5 bis 1:2 Gewichtsteilen. Diese Feuchtigkeit bleibt in dem fast geschlossenen Gefäß auch erhalten.

✔ Nach erfolgter Eiablage müssen Sie das Gelege vorsichtig ausgraben. Das Umbetten sollte mit besonderer Sorgfalt geschehen, da die Eier der meisten Echsenarten eine weiche Schale haben.

Es ist darauf zu achten, daß die Eier in ihrer Lage nicht verändert werden, denn der Keimling ist im Ei fixiert und würde bei einer späteren Verlagerung des Eis durch den Dotter erstickt werden.

✔ Nach dem Einbetten der Eier in das 6-12 cm hohe Substrat – das Gelege muß 1 cm bedeckt sein – das Gefäß nicht ganz verschließen, so daß eine geringfügige Luftzirkulation möglich ist, und im Inkubator aufstellen.

✔ Verwendet man Vermiculit, sind die oft empfohlenen Kontrollen und das Entfernen unbefruchteter Eier nicht erforderlich.

Das Jungtier

Die Brutdauer ist bei den verschiedenen Echsenarten sehr unterschiedlich. Bei Waranen beträgt sie über 200 Tage, bei Geckos ca. 50 Tage. Um sich aus dem Ei zu befreien, benutzt der Schlüpfling zum Anschlitzen der Schale den Eizahn, einen nach vorne gerichteten Zahn auf dem Zwischenkieferknochen, der bei den meisten Echsenembryonen entsteht und wenige Tage nach dem Schlüpfen abfällt.

Nach dem Schlüpfen werden die Jungtiere in ein separates, komplett eingerichtetes Terrarium gesetzt und unter den gleichen Klimabedingungen wie die Elterntiere gehalten. Es besteht keine Veranlassung sie wärmer zu halten. Zu hohe Temperaturen – vor allem fehlende Nachtabsenkung – lassen die Jungen zunächst zwar rasch wachsen, es zeigen sich aber auch rasch die negativen Folgen. Der Calciumstoffwechsel kann nicht mithalten, und eine Rachitis (→ Seite 56) folgt; auch der Vitamin-B-Haushalt bricht oft zusammen (→ Muskelzittern, Seite 56) und bald werden aus hoffnungsvollen Nachzuchten klägliche Kümmerformen.

Das Weibchen des Maskenleguans gräbt vor der Eiablage an mehreren Stellen. Finden Temperatur und Feuchtigkeit einer Probegrabung seine Zustimmung, kriecht es in die Höhle und setzt die Eier ab. Danach wird die Höhle zugescharrt und das Substrat verdichtet.

Lebendgebärende Echsen

Nicht alle Echsen legen Eier, einige Arten, wie z.B. Skinke, gebären voll entwickelte Jungtiere. Bei diesen erfolgt die Embryonalentwicklung im Mutterleib, und zwar im dünnhäutigen Ei, meist ohne Verbindung zum Stoffkreislauf der Mutter. Es gibt allerdings eine noch weitergehende Form der Embryonalentwicklung, bei der eine Teilversorgung mit Nährstoffen aus dem mütterlichen Stoffwechsel erfolgt. Die lebendgebärenden Arten verlassen die Eihaut entweder bereits im Mutterleib oder nachdem die Mutter das Ei abgesetzt hat. Auch diese Jungtiere werden in einem separaten, komplett eingerichteten Terrarium aufgezogen.

Erste Nahrungsaufnahme

Recht unterschiedlich kann der Zeitpunkt der ersten Nahrungsaufnahme sein. Während Skinke schon bald nach der Geburt erstmalig Nahrung aufnehmen, kann die Reserve anderer Echsen bis zu sechs Wochen ausreichen. Der Pfleger darf nicht die Geduld verlieren und etwa zur Zwangsfütterung übergehen. Durch die damit verbundene psychische Belastung könnte sich das Allgemeinbefinden der jungen Echse verschlechtern.

Die Nahrung der Jungechsen muß abwechslungsreich sein. Vor allem die Calcium- und Vitaminversorgung darf nicht vernachlässigt werden.

TIP

Geschlechtsbestimmung

Bei Arten mit Geschlechtsdimorphismus, also mit unterschiedlichem Aussehen von Männchen und Weibchen, ist die Bestimmung anhand äußerer Merkmale bei geschlechtsreifen Tieren einfach. Mit beginnender Reife wachsen bei den Männchen solcher Arten Hautlappen oder Kämme an Kopf, Kehle, Rücken oder Schwanz.

Immer sichtbar sind After- oder Schenkelporen, die bei männlichen Geckos, Leguanen und Agamen ausgeprägter sind als bei weiblichen.

Viel Erfahrung setzt die Bestimmung nach Umfang der Schwanzwurzel voraus. Bei vielen Echsen ist die Bestimmung nur mit Hilfe einer Knopfsonde möglich, so daß man auf die Hilfe eines erfahrenen Praktikers angewiesen ist.

Die Zusammensetzung entspricht der Nahrung der Elterntiere. Animalische Jungechsen erhalten kleinere Futtertiere als Alttiere.

VERHALTENSWEISEN UND KÖRPERBAU

Durch die Anpassung an verschiedene Lebensräume haben Echsen im Laufe ihrer Entwicklung interessante Verhaltensweisen und Körpermerkmale ausgebildet. Auch im Terrarium kann man spannende Beobachtungen machen und Rückschlüsse auf die Stimmung seiner Echsen ziehen.

Die Körpertemperatur

Echsen werden als wechselwarme Tiere bezeichnet, weil ihre Körpertemperatur von der Umgebungstemperatur beeinflußt wird. Im Gegensatz zu Säugetieren und Vögeln besitzen sie nicht oder nur in sehr begrenztem Maße die Fähigkeit, ihre Körpertemperatur konstant zu halten. Zum Beispiel nimmt eine dunkel gefärbte Echse beim Sonnenbad viel Sonnenwärme auf. Ihre Körpertemperatur kann dann sogar höher sein als die Umgebungstemperatur. Wird es durch die Sonneneinwirkung zu warm, suchen die Echsen Schatten oder feuchtkühle Plätze im Boden auf.

Die Gliedmaßen

✔ Bei baumbewohnenden, schnell kletternden Arten, wie z.B. Basilisken, sind die Beine, vor allem die Unterschenkel, zartgliedrig und lang. Diese Echsen haben extrem lange Füße und Zehen, die mit scharfen Krallen bewehrt sind.
✔ Befinden sich darüber hinaus noch Hautsäume an den Zehen, so ist die Echse in der Lage,

Baumbewohnende Echsen wie der Stirnlappenbasilisk haben zartgliedrige Zehen.

nur auf den hinteren Beinen (bipedisch) in schnellem Tempo über ein Gewässer zu laufen (→ Foto, Seite 37).
✔ Bodenbewohnende Echsen, wie z.B. Skinke, sind meist kräftig gebaut, haben kurze, muskulöse Beine und plumpe Füße. Viele Arten graben Höhlen und Gänge in den Boden.
✔ Eine Besonderheit sind die Haftlamellen an den Unterseiten der Zehen der meisten Geckos, an denen sich mikroskopisch kleine Hakenzellen befinden. Sie ermöglichen, daß Geckos auch an glatten Flächen wie großen Blättern, Zimmerdecken und sogar an Glas noch ausreichend Halt finden.

Die Haut

Die Haut ist bei den meisten Echsen kräftig entwickelt. Sie besteht aus unterschiedlich großen und verschieden geformten Schuppen und Schildern. Da die Echsenhaut an der Oberfläche verhornt, ist diese ein lebloses Gebilde, das nicht mehr wächst, sich also dem Wachstum der Echse nicht anpassen kann. Deshalb wird die Haut von Zeit zu Zeit abgestoßen, die Echse häutet sich. Die neue Haut ist dann etwas größer als die alte. Die rasch wachsenden Jungtiere häuten sich in kürzeren Abständen als Alttiere.

TIP

Echsen beobachten

Echsen tragen das Erbe ihrer wilden Vorfahren, auch wenn sie schon seit mehreren Generationen im Terrarium nachgezogen wurden.

Im Interesse der Tiere sollte der Halter soviel wie möglich über seine Pfleglinge in Erfahrung bringen. Den nötigen Sachverstand erlangt man nicht nur aus Fachbüchern und durch den Erfahrungsaustausch mit anderen Echsenhaltern. Sehr gute Lehrmeister sind die Tiere selbst – Sie müssen nur lernen, sie zu verstehen. Um bestimmte Verhaltensweisen zu erkennen, muß man die Beobachtungen interpretieren können und in der Lage sein normales von anormalem Verhalten zu unterscheiden. Nehmen Sie sich deshalb viel Zeit zum Beobachten der Echsen und schreiben Sie wichtige Beobachtungen immer auf.

Die Häutung wird durch Hormone der Schilddrüse und der Thymusdrüse gesteuert, wobei äußere Faktoren wie Temperatur, Feuchtigkeit, Nahrungsangebot und auch der Allgemeinzustand des Tieres eine Rolle spielen. Die Häutung verläuft bei den einzelnen Echsenarten unterschiedlich:

✔ Skinke schlüpfen schlangengleich aus der Haut und hinterlassen sie in einem Stück.

✔ Andere Echsen, wie z.B. die Warane, verlieren die Haut in Fetzen.

✔ Geckos packen die alte Haut mit dem Maul, ziehen sie sich vom Leibe und verzehren sie. Sie nehmen dadurch wertvolle Aufbaustoffe auf.

Wechselnde Hautfärbungen werden durch das Ausbreiten und Zusammenziehen der Pigmente in den Farbzellen der Unterhaut hervorgerufen. Der Farbwechsel wird von Hormonen oder durch das Nervensystem gesteuert. Er kann eine Anpassung an den Untergrund sein, häufiger ist er eine Reaktion auf die Stimmung der Echse. Drohen, Imponieren und Balzen beeinflussen die Farbmuster vieler Echsenarten.

Sinnesorgane der Echsen

Augen: Bei den meisten Echsen ist das Sehvermögen recht gut entwickelt, Farben können sie voneinander unterscheiden. Hinweise dafür geben vor allem die vielen optischen Signale, durch die die Echsen sich erkennen und verständigen. Bei den nachtaktiven Arten sind die Pupillen schlitzförmig, um das Auge vor grellem Licht zu schützen. Bei geringem Lichteinfall weitet sich der Schlitz.

Ohren: Das Hörvermögen ist bei den Echsen unterschiedlich ausgeprägt. Geckos haben ein verhältnismäßig gutes Gehör, ihre Laute und Rufe, die sie vor allem während der Fortpflanzung ertönen lassen, sind dafür ein Hinweis.

Zunge: Duftstoffe werden von der Zungenspitze beim Züngeln aufgenommen und an den Gaumen befördert, wo sich das Jacobsonsche Organ befindet. Die Wahrnehmung der Duftstoffe erfolgt durch das Sinneszellengewebe dieses Organs. Ein verstärktes Züngeln, zum Beispiel beim Füttern, ist daher mit dem Schnuppern eines Hundes zu vergleichen.

Nach der Nahrungsaufnahme putzen sich viele Echsen mit der Zunge das Maul. Fast alle benutzen sie zum Auflecken von Wasser. Geckos putzen ihre Augen regelmäßig mit ihrer fleischigen Zunge (→ Foto, Seite 48). Durch eine Einkerbung im Oberkiefer können Warane auch bei geschlossenem Maul züngeln (→ Zeichnung, Seite 47).

Typische Merkmale und Verhaltensweisen

Echsenarten unterscheiden sich nicht nur durch Körpermerkmale, sondern auch durch ihr Verhalten. Einige auffällige Verhaltensweisen kann man gut im Terrarium beobachten.

Hinweis: Für den Pfleger ist es besonders wichtig, das Drohverhalten seiner Echsen zu kennen, da die Drohung auch ihm selbst gelten kann. Besondere Vorsicht ist dann angebracht. Der Schwanzschlag eines Leguans oder Warans, aber auch der Biß eines Tokehs kann sehr schmerzhaft sein.

Familie der Geckos (Gekkonidae)

Fast alle Mitglieder dieser Familie besitzen Haftlamellen an den Zehenunterseiten. Lid-, Leopard- und Krallengecko gehören zu den Ausnahmen. Besondere Sorgfalt wenden Geckos beim Häuten der Zehen an (→ Seite 35, 59).

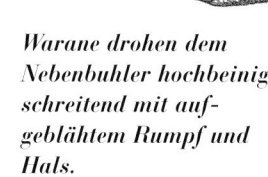

Warane drohen dem Nebenbuhler hochbeinig schreitend mit aufgeblähtem Rumpf und Hals.

Drohverhalten: Tokehs drohen mit den Farben des weitgeöffneten Rachens. Das Vibrieren der Schwanzspitze eines Leopardgeckos verrät Aufregung oder Spannung.

Sozialverhalten: Fast alle Geckos leben im lockeren Verband. Jedes Tier hat sein eigenes Territorium, braucht aber die Nähe der Artgenossen, die an den Reviergrenzen begrüßt, angedroht oder angebalzt werden.

Familie der Agamen (Agamidae)

Hautlappen und Kämme werden überwiegend von den Männchen getragen. Wenn sie bei beiden Geschlechtern vorkommen, sind sie beim Männchen deutlich größer.

Drohverhalten: Agamen drohen mit Kopfnicken oder Vorzeigen der abgeplatteten Körperseiten, Bartagamen mit weitgeöffnetem Maul und mit stachelig schwarzem Bart, einer kehlständigen Hautfalte, die aufgestellt wird.

Sozialverhalten: Segelechsen und Wasseragamen können Sie in Familienverbänden halten. Eine Vergesellschaftung artgleicher Männchen ist nicht möglich, da das rangniedrigere Tier den psychischen Druck nicht erträgt und eingeht.

Pflegehinweis: Segelechsen und Wasseragamen sind hektische, stets fluchtbereite Tiere. Sie erkennen Glas nicht, springen dagegen oder reiben ständig mit der Schnauze daran, so daß es zu Schäden an Lippen und Kiefer kommen kann. Die Scheiben deshalb durch einen teilweisen Anstrich erkennbar machen.

DOLMETSCHER

Für die richtige Pflege Ihrer Echse müssen Sie wichtige Verhaltensweisen deuten können.

 Dies fällt an dem Tier auf.

 Was bedeutet das für den Pfleger?

 So reagiere ich richtig darauf.

 Taggecko leckt sich Lippen und Auge.

 Normales Verhalten nach der Nahrungsaufnahme.

 Trotzdem beobachten, ob das Auge erkrankt ist.

 Anolis imponiert mit aufgestellter Kehlwamme.

 Das Männchen droht oder balzt.

 Beobachten, ob es zur Paarung kommt.

 Chamäleon mit sehr dunkler Grundfarbe.

 Trächtiges Weibchen. Gesondert halten!

 10 cm festes Bodensubstrat einbringen. Weibchen gräbt Gelegehöhle.

 Chamäleon mit kurzem Helm und Fersensporn.

 Junges männliches Tier.

 Nicht mit altem Männchen vergesellschaften.

☝ Haftlamellen bieten Geckos Halt auf glatten Flächen.

❓ Großblättrige Pflanzen einbringen.

❗ Findet das Tier keinen Halt, ist Häutungshilfe nötig.

☝ Wasseragame am Sonnenplatz.

❓ Das Tier fühlt sich wohl.

❗ Mit Heizstrahlern auch für andere Echsen Sonnenplätze einrichten.

Tokehs drohen mit den Farben des ☝ Rachens.

Vorsicht, ein Angriff ❓ ist möglich.

Arbeiten am ❗ Terrarium einstellen.

☝ Junger Grüner Leguan klettert im Gezweig.

❓ Zehen finden kaum Halt.

❗ Dickere, körperstarke Äste einbringen.

☝ Gut getarnter Hausgecko auf Baumrinde.

❓ Der Untergrund gibt dem Tier Sicherheit.

❗ Tarn- und Versteckmöglichkeiten schaffen.

T I P

Vergesellschaftung

Wenn Sie mehrere Echsen gemeinsam im Terrarium halten möchten, sollten Sie folgende Regeln beachten:

✔ Am einfachsten ist es, gesellig oder im lockeren Verband lebende Echsen einer Art (→ Tierporträts, ab Seite 10) in größerer Zahl zu halten.

✔ Die Vergesellschaftung von verschiedenen Arten kann Streßsituationen im Terrarium hervorrufen (→ Seite 51). Wichtig ist deshalb eine sehr genaue Beobachtung, weil eine unterlegene Echse in einem schwer einsehbaren Winkel rasch verkümmert. Arten, die sich auch für eine gemeinsame Haltung eignen, zeigt die Tabelle auf Seite 19.

✔ Planen Sie eine Vergesellschaftung am besten anläßlich einer Neubesetzung des Terrariums. Das Einbringen eines einzelnen Tieres in eine bestehende Gruppe sollten Sie möglichst vermeiden.

Familie der Leguane (Iguanidae)

Die meisten Leguane besitzen Helme, Hautlappen oder Kämme an Kopf, Rücken, Schwanz oder Kehle. Solche Merkmale sind häufig nur beim männlichen Geschlecht anzutreffen. Wenn sie bei beiden Geschlechtern vorkommen, sind sie beim Weibchen weniger auffallend. Anolis-Arten haben eine aufrichtbare Kehlwamme. Die Weibchen dieser Arten besitzen ebenfalls eine Kehlwamme, die jedoch kleiner und weniger farbintensiv ist als bei den Männchen. Wie die Geckos haben alle Anolis-Arten an der Unterseite der Zehen Haftlamellen, mit deren Hilfe sie auch an glatten Flächen entlanglaufen können.

Drohverhalten: Zur Verteidigung und Kennzeichnung des Reviers und bei der Balz, drohen Leguane dem Nebenbuhler, indem sie hochbeinig schreitend mit offenem Maul und abgeplattetem Rumpf kopfnickend ihre Kehlwamme präsentieren. Auch Anolis nicken mit dem Kopf und stellen die Kehlwamme auf.

Sozialverhalten: Mehrere männliche Grüne Leguane und Basilisken einer Art können nicht in einem Terrarium gehalten werden. Durch Rangkämpfe wäre neben der physischen die psychische Belastung für das rangniedrigere Tier zu groß. Möglich ist aber die gemeinsame Haltung verschiedener Arten.

Pflegehinweis: In der ersten Zeit der Terrarienhaltung reagieren vor allem Basilisken schreckhaft. Sie springen gegen die für sie nicht erkennbaren Glasscheiben und verletzen sich die Schnauze. Deshalb für ausreichende Deckung sorgen oder das Terrarium verhängen.

Familie der Glattechsen (Scincidae)

Glattechsen oder Skinke haben einen walzenförmigen Körper mit meist glatten und glänzenden Schuppen. Durch ihre kurzen Gliedmaßen bewegen sie sich kriechend fort.

Drohverhalten: Skinke drohen mit weitgeöffnetem Maul. Riesenskinke zeigen dabei ihre leuchtend graublaue Zunge und ihre roten Mundschleimhäute.

Mit seiner fast körperlangen Schleuderzunge jagt das Chamäleon Insekten.

Sozialverhalten: Die an sich ruhigen Skinke brauchen viel Raum, da die Arten untereinander sehr aggressiv sind. Wird zur Befriedung eine Trennung erforderlich, quartieren Sie das dominante, stärkere Tier um (→ Vergesellschaftung, Seite 50/51).

Familie der Warane (Varanidae)

Viele Merkmale der Warane erinnern an Schlangen. So ist ihre Fortbewegung schlängelnd und zur Geruchsaufnahme wird die tief gespaltene Zunge immer wieder weit vorgestreckt. Durch den dehnbaren Schlund können große Nahrungsbrocken im ganzen geschluckt werden.

Drohverhalten: Warane kündigen einen Angriff durch hochbeiniges Schreiten mit abgesenktem Kopf und Aufblähen von Rumpf und Hals an (→ Zeichnung, Seite 47).

Sozialverhalten: Die meisten Warane leben als Einzelgänger; die hier genannten können aber als Familienverband im Terrarium gehalten werden, jedoch nie zwei Männchen.

Hinweis: Seien Sie beim Umgang mit Waranen besonders vorsichtig. Sie können Ihnen tiefgehende Bißwunden zufügen. Vor allem neuerworbene Tiere reagieren äußerst schreckhaft. Ein sich bedroht fühlender Waran setzt als Waffe nicht

nur seine Zähne ein, sondern auch Schwanz und Krallen. Bei Verletzungen sofort einen Arzt aufsuchen (→ Wichtige Hinweise, Seite 63).

Streßsituationen im Terrarium beseitigen

Nur wer das Verhalten seiner Echsen regelmäßig beobachtet, kann beurteilen, ob eine Echse Streßsituationen ausgesetzt ist. Ein Tier, das ständig von einer anderen Echse angedroht wird, steht unter permanentem psychischen Druck. Es verkümmert, wenn der Pfleger nicht rechtzeitig eingreift.

✔ Durch Umbau der Dekoration Sichtblenden erstellen, die dem unterlegenen Tier ein eigenes Revier schaffen. Ist ein Umbau nicht möglich, hilft nur die Trennung der Echsen.

✔ Die Eingliederung eines neuen Tieres in ein Terrarium, in dem die Bewohner bereits ihre festen Reviere besetzt haben, sollte vermieden werden. Ist dies nicht möglich, empfiehlt es sich, die alteingesessenen Tiere für einige Zeit aus dem Terrarium zu nehmen und erst nach der Eingewöhnung des Neuen wieder einzusetzen. Nicht selten jedoch dominieren auch dann noch die älteren Bewohner, weil die vertraute Umgebung wiedererkannt wird. In diesem Fall hilft nur die komplette Neueinrichtung des Terrariums.

✔ Sorgen Sie dafür, daß Ihre Echsen bei einer Vergesellschaftung über ausreichend Platz im Terrarium verfügen (→ TIP: Terrariengröße, Seite 11).

Echsen sind vielen Streßsituationen und möglichen Infektionen ausgesetzt. Doch es muß nicht zum Ausbruch von Krankheiten kommen. Die beste Gesundheitsvorsorge für Ihre Pfleglinge ist Sauberkeit und Haltungsbedingungen, die den Verhältnissen in der Natur möglichst gut entsprechen.

Vorbeugemaßnahmen

Krankheiten sind häufig auf fehlerhafte Pflege zurückzuführen. Nicht nur falsche Ernährung und Fehler bei der Klimatisierung des Terrariums, auch Einrichtung und Besatzdichte des Terrariums können das Wohlbefinden der Echsen beeinträchtigen. Wichtig für das frühzeitige Erkennen von Krankheiten ist das genaue Beobachten der Echsen, denn eine Krankheit äußert sich meist in verändertem Aussehen und/oder Verhalten.

Hinweis: Sobald Sie eine Erkrankung vermuten, gehen Sie mit der Echse zum Tierarzt. Experimentieren Sie niemals selbst! Der Tierarzt kann Ihnen zeigen, wie Behandlungsmaßnahmen durchgeführt werden müssen und Medikamente aushändigen oder verschreiben. Da nur wenige Tierärzte auf Reptilien spezialisiert sind, sollten Sie im Zweifelsfall den Rat erfahrener Terrarianer einholen (→ Seite 62).

Verabreichen Sie auf keinen Fall fortwährend »vorbeugend« Medikamente in kleiner Menge. Chirurgische Eingriffe und Injektionen darf selbstverständlich nur der Tierarzt vornehmen. Als Ansprechpartner bietet sich auch eine der Untersuchungsstellen für Amphibien- und Reptilienkrankheiten an (→ Seite 62). Diese führen auch die Untersuchung von Kotproben durch, die Sie zur Vorsorge jährlich einmal, während der Quarantäne mehrmals in vierwöchigem Abstand vornehmen lassen sollten (→ TIP: Kotuntersuchungen, Seite 55).

Hinweis: Bei Krankheitsanzeichen muß die betroffene Echse aus dem Terrarium genommen und in einem Quarantäneterrarium gehalten werden, um die Ansteckung anderer Tiere zu vermeiden (→ Seite 22/23).

Echsen richtig festhalten

Um Behandlungsmaßnahmen im Krankheitsfall durchführen zu können, aber auch zum Krallenschneiden oder zur Zwangsfütterung, ist es nötig die Echse in die Hand zu nehmen und sie so zu fixieren, daß weder Mensch noch Echse Schaden nehmen.

Kleine bis mittelgroße Echsen muß man schnell und gezielt greifen. Daumen und Zeigefinger einer Hand fassen hinter den Kopf und fixieren ihn, wodurch Abwehrbisse vermieden werden. Die Handfläche liegt auf dem Rücken der Echse,

Grüne Wasseragamen leben im tropischen Regenwald und baden gerne.

die drei freien Finger greifen von unten die Beine und fixieren sie nach hinten gestreckt an Rumpf und Schwanz (→ Zeichnung). Die Echse kann so nicht beißen und kratzen, und es besteht nicht die Gefahr, den Schwanz abzureißen oder, daß sich ein wild umherschlagendes Tier den Schwanz verletzt. Notwendige Maßnahmen werden dann mit der anderen Hand ausgeführt. Größere Echsen kann man kaum alleine festhalten und behandeln, ein Helfer ist dazu nötig. Packen Sie mit einer Hand das Genick der Echse und fixieren dabei Kopf und Vorderbeine.

Kleine Echsen werden mit Daumen und Zeigefinger seitlich am Kopf gehalten.

Die andere Hand greift nach dem Schwanzansatz und fixiert dabei gleichzeitig die Hinterbeine (→ Zeichnung, Seite 55).
Bei einer großen, wehrhaften Echse muß auch der Schwanz fixiert werden, indem er zwischen die Beine des Pflegers geklemmt wird. Alle Maßnahmen an der Echse werden von der zweiten Person ausgeführt.
Hinweis: Bei Maßnahmen am Kopf ist es für den Pfleger hilfreich, Rumpf und Schwanz der Echse in einen Leinensack zu stecken. Trotzdem größte Vorsicht walten lassen, denn lange Krallen können auch durch den Sack hindurch Verletzungen verursachen.

Krankheiten behandeln

Anzeichen der häufigsten Krankheiten und deren Ursachen zeigt Ihnen die Tabelle auf Seite 58.

Außenparasiten
Milben sind stecknadelkopfgroße, schwärzliche Parasiten. Sie leben vom Blut der Echsen und befallen die Hautpartien unter den Schuppen. Schwächung und Streß durch ständigen Juckreiz sind die Folge.
Behandlung:
✔ Stellen Sie den Befall schon beim Kauf fest, tauchen Sie den Transportbeutel in eine 0,2 prozentige Neguvon-Lösung, die vom Tierarzt verschrieben wird, und lassen die Echse für einige Stunden in dem trocknenden Beutel.
✔ Stellen Sie Milbenbefall in Ihrem Terrarium fest, Tiere und Behälter gründlich mit Neguvon-Lösung besprühen.
✔ Echsen mit Hautwunden und Geckos nicht mit Neguvon besprühen. Insekten-Strips aus dem Zoofachhandel, z.B. Baygon (Wirkstoff Dichlorvos), ins Terrarium hängen.
✔ Da Milben besonders schwer zu bekämpfen sind, kann es erforderlich sein Neguvon und Baygon im Wechsel anzuwenden.
Zecken sind bis zu 3 mm große, stark abgeflachte Gliederfüßer. Sie beißen sich unter den Schuppen und in weichen Hautpartien der Echsen fest und saugen Blut.
Behandlung: Wie bei Milbenbefall. Ist eine Echse stark befallen, sollten Sie sie aufgrund der Hautschäden nicht mit Neguvon behandeln. Insekten-Strips ins Terrarium hängen.

raten überprüfen und letztere während und nach der Behandlung vermehrt verabreichen.

Maulfäule, Kiefervereiterung

Bei Erkrankungen der Atemwege und des Verdauungstrakts kann es zu Ablagerungen im Maul kommen, die dann zu Reizungen der Schleimhäute führen. Auch Bißverletzungen, Haltungsfehler und Vitaminmangel begünstigen die Enstehung von Abszessen.

Behandlung: Oft genügt die tägliche Reinigung mit Kamillentinktur und die Verabreichung eines Multivitaminpräparats, um den käsigen Schleim zu beseitigen. Bleibt die Anwendung erfolglos, muß der Tierarzt nach Resistenzbestimmung eine Behandlung einleiten. Haltungsbedingungen überprüfen.

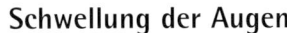

Schwellung der Augen

Durch Vitaminmangel bedingte Stoffwechselstörungen können zu Schwellungen, meistens beider Augen, führen. Sind Auge

═══ **T I P** ═══

Kotuntersuchungen

Einige innere Erkrankungen und Parasiten können durch Kotuntersuchungen frühzeitig erkannt und behandelt werden. Lassen Sie bei neuerworbenen Echsen während der Quarantänezeit drei Kotuntersuchungen im Abstand von vier Wochen vornehmen. Bei eingewöhnten Echsen sollten in jährlichem Abstand Kotuntersuchungen durchgeführt werden. Wichtig ist das Sammeln von frischem, möglichst noch feuchtem Kot, der auf schnellstem Wege einer Untersuchungsstelle für Reptilienkrankheiten (→ Adressen, Seite 62) zugeleitet wird.

Lungenentzündung

Die meistens durch Bakterien hervorgerufene Infektion wird durch unzureichende Klimatisierung des Terrariums begünstigt. Oft auch Folge mangelnder, alters- oder streßbedingter Abwehrkräfte. Aktivität und Nahrungsaufnahme sind erheblich verringert.

Behandlung: Lungenentzündung kann nur vom Tierarzt nach einer Resistenzbestimmung behandelt werden.

Überprüfen Sie die Haltungsbedingungen:

✔ Das geforderte Maximum der Tagestemperatur (→ Tierporträts, ab Seite 10) sollte ebenso erreicht werden wie die nächtliche Abkühlung, denn stets gleiche Temperaturen verweichlichen die Tiere.

✔ Kontrollieren Sie Nahrungsaufnahme und Verdauung Ihrer Pfleglinge, da Echsen durch Darmparasiten geschwächt sein können.

✔ Dosierung von Mineral- und Vitaminpräpa-

Größere Echsen können Sie nur mit beiden Händen sicher festhalten.

oder Lid gerötet, ist eine Entzündung, z.B. durch intensive UV-Strahlung, die Ursache.
Behandlung: Der Tierarzt wird Augentropfen verabreichen und Vitamine injizieren.
✔ Danach sollten Sie wenigsten 4 Wochen täglich ein Multivitaminpräparat verabreichen.
✔ Haltungsbedingungen überprüfen.
✔ Gegebenenfalls UV-Strahlung reduzieren.

Bißverletzungen

Größere Verletzungen vom Tierarzt versorgen lassen, bei kleineren können Sie die Wunde auch selbst behandeln.
Behandlung:
✔ Wunde reinigen und desinfizieren.
✔ Wundsalbe oder -puder auftragen. Keine Pflaster oder Verbände anlegen.
✔ Die Echse bis zum Abheilen der Wunde steril im Quarantäneterrarium unterbringen.
✔ Agressive Echsen aus dem Terrarium nehmen und die Gruppenstruktur überprüfen. Oft sind zu viele Tiere auf zu kleinem Raum untergebracht. Häufig verletzen sich auch rivalisierende Männchen.

Hautnekrosen

Abszesse können als Folge von Verletzungen oder durch Stoffwechselstörungen entstehen.
Behandlung: Der Tierarzt wird Abszesse spalten und versorgen. Überprüfen Sie die Haltung und sorgen Sie für ausreichende Vitaminversorgung und UV-Bestrahlung.

Hautpilze

Hautpilze werden durch unzureichende Klimaverhältnisse, zu kalt und zu naß, begünstigt.
Behandlung: Beim Auftreten der flächigen, meist schorfigen, nicht eiternden Wunden durch den Tierarzt eine Resistenzbestimmung durchführen lassen, damit möglichst bald ein wirksames Medikament verabreicht werden kann. Die meist langfristige Behandlung in einer sterilen Umgebung (Quarantäne) durchführen. Klimafaktoren überprüfen.

Rachitis

Unzureichende Calciumeinlagerung, ist die Ursache für Knochendeformierungen. Mangelnde Versorgung mit Calcium und/oder Vitamin D, zu geringe UV-Bestrahlung, aber auch falsche Ernährung und überhöhte Temperaturen im Terrarium führen zu den Störungen bei der Kalkbildung.
Behandlung: Haltung überprüfen, Calcium- und Vitaminversorgung verbessern.

Muskelzittern

Zunächst ist nur ein geringfügiges Zittern der Gliedmaßen wahrzunehmen, später deutliches Zittern des ganzen Tieres, besonders wenn es durch Berührung erschreckt wird. Die Echse kann dann nicht mehr fliehen und klettern.

Der Goldstaub-Taggecko lebt an Palmen und ernährt sich von Insekten.

Behandlung: Der Tierarzt wird zunächst hohe Dosen Vitamin B_1 injizieren. Danach täglich Vitamin B_1 verabreichen.

Der Leopardgecko lebt in Trockengebieten. Tagsüber sucht er kühle Höhlen auf und wird erst in der Dämmerung aktiv.

Durchblutungsstörungen von Schwanz und Zehen

Meistens ist eine zu eiweißreiche, ballast- und mineralstoffarme Nahrung der Grund für eine Durchblutungsstörung, die zum Eintrocknen von Schwanz und Zehen führt.
Behandlung: Abgestorbene Zehen oder der Schwanz müssen vom Tierarzt bis in den gut durchbluteten Teil amputiert werden. Nahrungsangebot verbessern.

Darm- oder Hemipenisvorfall

Seltene Krankheit, die an einer ausgestülpten Kloake mit Anhängsel zu erkennen ist. Tritt sie auf, ist rasch zu handeln, um das Austrocknen des Körperteils zu verhindern.
Behandlung: Der Tierarzt wird ein Zurückverlagern versuchen, ist das nicht dauerhaft möglich, bleibt nur die Amputation.

Erbrechen

Einmaliges Erbrechen ist ohne Bedeutung. Bei Wiederholung ist eine Vergiftung denkbar, aber meistens nicht nachzuweisen.
Behandlung: Haltung überprüfen, besonders die Nahrungsmenge, und auf Störungen und Streßfaktoren achten.

Krankheiten erkennen

Krankheitsanzeichen	Ursachen
Schaum auf den Nasenlöchern, ruckartiges Öffnen des Mauls, Röcheln	Lungenentzündung
Ablagerung von festem Schleim, Abszesse, Gewebezerfall im Maul	Maulfäule, Kiefervereiterung
Tränen, Schwellung der Augen	Entzündung durch Zugluft, Verbrennung durch UV-Bestrahlung
Haut- und Fleischwunden	Bißverletzungen
Hautnekrosen (Abszesse)	Verletzungen, Stoffwechselstörungen
Schorfige Hautveränderungen	Hautpilze, durch zu feuchte Klimaverhältnisse begünstigt
Weißgraue Ablagerungen auf der Haut	Kot von Milben
Linsenähnliche Anhängsel	Zecken
Verkrümmung des Skeletts	Rachitis, Stoffwechselstörungen, Haltungsfehler
Zittern von Gliedmaßen, Schwanz und Rumpf	Muskelzittern durch Vitamin-B_1-Mangel
Fehlende oder abgestorbene Zehen	Quetschungen, Häutungsreste
Eintrocknen von Schwanzspitze und/oder Zehen	Durchblutungsstörung durch falsche Ernährung
Ab- oder angebrochener Schwanz	Einklemmen in Spalten der Dekoration
Ausgestülpte Kloake mit Anhängsel	Darm- oder Hemipenisvorfall
Erbrechen	Haltungsfehler, zu viel oder zu große Nahrung, Vergiftung
Kot breiig-dünn, blutig, durchdringender Geruch, Kloake gerötet, schmierig	Entzündung im Verdauungstrakt durch Bakterien- oder Virusinfektion, Parasiten
Würmer im Kot	Eingeweideparasiten

Krankheiten des Verdauungstrakts

Bei weitem nicht alle Erkrankungen können frühzeitig optisch wahrgenommen werden. Zu diesen gehören besonders Krankheiten des Verdauungstrakts. Nur selten, bei sehr starkem Befall, sind Würmer im frisch abgesetzten Kot der Echsen zu sehen.

Behandlung: Die meisten Infektionen und Eingeweideparasiten, die Auszehrung, Vergiftungen und Entzündungen im Verdauungstrakt verursachen, können nur durch Kotuntersuchungen festgestellt werden (→ TIP, Seite 55). Die Befunde geben Auskunft über den Befall mit Parasiten wie Amöben, Flagellaten, Band-, Spul-, Maden- oder Haarwürmern.

Dringend anzuraten ist die restlose Bekämpfung von Amöben, denn diese können zum Verlust eines ganzen Echsenbestandes führen. Nach erfolgter Behandlung einer solchen Infektion sind mindestens sechs Kotuntersuchungen zur Kontrolle erforderlich (→ Untersuchungsstellen, Seite 62).

Häutungsschwierigkeiten

Haltungsfehler, z.B. zu geringe oder zu hohe Luftfeuchtigkeit, Störungen des Allgemeinbefindens, der Befall mit Außenparasiten, Hauterkrankungen oder Vitaminmangel können Häutungsschwierigkeiten verursachen. Erkennbar sind solche Häutungsschwierigkeiten an Hautresten an den Zehenendgliedern der Echsen (→ Körperpflegemaßnahmen, Seite 35). Treten Häutungen anormal häufig auf, kann ein Überangebot von Vitaminpräparaten die Ursache sein.

Behandlung:

✔ Haltungsbedingungen und vor allem die klimatischen Verhältnisse überprüfen.

✔ Je nach Ursache Vitamingaben erhöhen oder verringern.

Die Häutung der Echsen wird von Hormonen gesteuert und verläuft meist problemlos.

✔ Bei Hautresten an den Zehen Fuß kurz in warmes Wasser halten oder Echse über nasse Moltoprenmatte laufen lassen, dann Hautreste entfernen.

✔ Um normale und anormale Erscheinungen bei der Häutung besser unterscheiden zu können, Beobachtungen notieren.

Die halbfett gesetzten Seitenzahlen verweisen auf Farbfotos und Zeichnungen.

*Dorn-
schwanzaga-
men genießen
gern ein Son-
nenbad.*

Adressen, die weiterhelfen

• DGHT Deutsche Gesellschaft für Herpetologie und Terrarienkunde e.V., Geschäftsstelle: Wormsdorfer Str. 18, 53359 Rheinbach, www.dght.de, in vielen Städten der BRD haben sich Stadtgruppen, in der Schweiz eine Landesgruppe etabliert. Die Anschriften erhalten Sie in der Geschäftstelle.

• Verband Deutscher Vereine für Aquarien- und Terrarienkunde e.V. (VDA), Geschäftsstelle: Hans und Ingrid Stiller, Luxemburger Str. 16, 44789 Bochum, www.vda-online.de

• Österreichischer Verband für Vivaristik und Ökologie, Landesverband Niederösterreich; Richard Pfister, Langenlebarnerstr. 50, A-3430 Tulln.

Fragen zum Terrarium beantworten auch

Ihr Zoofachhändler und der Zentralverband Zoologischer Fachbetriebe Deutschlands e.V. 63225 Langen, Tel. 06103/910732, www.zzf.de (nur telefonische Auskunft möglich).

Untersuchungsstellen

• GeVo Diagnostik, Gesellschaft für medizinische und biologische Untersuchungen mbH, Jakobstr. 65, 70794 Filderstadt.

• Institut für Zoologie, Fischereibiologie und Fischkrankheiten der Tierärztlichen Fakultät, LMU München, Kaulbachstr. 37, 80539 München.

Sachversicherung

Z.O.F. GmbH, Bahnhofstr. 65, 31008 Elze

Bücher, die weiterhelfen

(falls nicht im Buchhandel, dann in Bibliotheken erhältlich)

• Henkel, F.W., Schmidt, W.: Terrarien. Bau und Einrichtung. Verlag Eugen Ulmer, Stuttgart.

• Jes, H.: Das Terrarium. Gräfe und Unzer Verlag, München.

• Köhler, G.: Inkubation von Reptilieneiern. Herpeton, Verlag Elke Köhler, Offenbach.

• Köhler, G.: Krankheiten der Amphibien und Reptilien. Verlag Eugen Ulmer, Stuttgart.

• Nietzke, G.: Fortpflanzung und Zucht der Terrarientiere. Landbuch-Verlag, Hannover.

Zeitschriften, die weiterhelfen

• *DATZ*. Die Aquarien- und Terrarienzeitschrift. Eugen Ulmer Verlag, Stuttgart.

• *Herpetofauna*. Die Zeitschrift für den Terrarianer. Herpetofauna Verlag, Weinstadt.

• *Salamandra und Elaphe*. Zeitschrift für Herpetologie und Terrarienkunde. Herausgegeben von der Deutschen Gesellschaft für Herpetologie und Terrarienkunde e.V.

• *Reptilia*. Natur und Tier Verlag, München.

Der Autor

Harald Jes war 26 Jahre Leiter des Kölner Aquarium am Zoo, an dessen Aufbau und Entwicklung er maßgeblich mitgewirkt hat. Er befaßt sich seit mehr als 40 Jahren mit der Haltung von Amphibien und Reptilien, wobei sein besonderes Interesse der Zucht gilt. Innerhalb seines Aufgabenbereichs war er auch als Ausbilder und Prüfer zum Beruf des Tierpflegermeisters tätig.

Dank

Autor und Verlag danken Herrn Rechtsanwalt Reinhard Hahn für die juristische Beratung.

Der Zeichner

Johann Brandstetter ist ausgebildeter Restaurator und Maler. Er wechselte, angeregt durch Forschungsreisen mit Biologen in Zentralafrika und Asien, zum Pflanzen- und Tierzeichner. Seit mehreren Jahren illustriert er Bücher für namhafte Naturbuchverlage.

Die Fotografen

Benyr: Seite 12 re.u., 16 re.u., 17 li.u., 53; Bilder Pur/Brakefield: Seite 48 li.u.; Bilder Pur/Galan: Seite 29 re.; Bilder Pur/Lefevre/BIOS: Seite 4/5; Bilder Pur/ McDonald: Seite 12 li.u., 17 li.o, re.o., 25, 33 (kleines Foto), 37, 44, 45; Bilder Pur/NAS/Detrick: Seite 8; blickwinkel/Klimmek: Seite 52; blickwinkel/ Schröer: Seite 13 li.u., 40, 41 li., re., 48 li.o., 49 li.o., re.mi.; blickwinkel/ Ziegler: Seite 13 re.o.,

48 re.o., 49 li.u.; Cramm: Seite 49 re.o., 57; Kahl: Seite U1 (kleines Foto), 9, 16 li.u.; Karbe: Seite 16 re.o., 48 re.u.;

An unsere Leserinnen und Leser

Wir freuen uns, Ihre Meinung zu diesem TierRatgeber zu erfahren. Bitte schreiben Sie uns, wenn Sie Berichtigungen und Ergänzungsvorschläge haben oder wenn Ihnen etwas besonders gut gefällt.

Gräfe und Unzer Verlag
Redaktion Natur
Stichwort:
TierRatgeber
Postfach 86 03 66
D-81630 München
E-mail:
leserservice@
graefe-und-unzer.de

König: Seite U1 (großes Foto), U2, 12 li.o., 33 (großes Foto), 61; Reinhard, Hans: Seite 2/3, 12 re.o., 13 li.o., re.u., 17 re.u., 20, 24, 32, 49 re.u., 56, 64/U3, U4; Reinhard, Nils: Seite 29 li.; Schaefer: Seite 38; Trutnau: Seite 21; Ziehm: Seite 6/7, 16 li.o.

Fotos: Buchumschlag und Innenteil

Umschlagvorderseite: Grüne Wasseragame (großes Foto) und Leopardgecko (kleines Foto).
Umschlagrückseite: Halsbandleguan.
Seite 1: Helmbasilisk, klettert lieber auf Bäumen.
Seite 2/3: Taggecko.
Seite 4/5: Stirnlappenbasilisk.
Seite 6/7: Junge Stachelleguane.
Seite 64: Anolis.

Impressum

© 1999 Gräfe und Unzer Verlag GmbH, München. Alle Rechte vorbehalten. Nachdruck, auch auszugsweise, sowie Verbreitung durch Bild, Funk und Fernsehen, durch fotomechanische Wiedergabe, Tonträger und Datenverarbeitungssysteme jeder Art nur mit schriftlicher Genehmigung des Verlages.

Redaktion: Anita Zellner
Lektorat: Birgit Hausenberger
Umschlaggestaltung und Layout:
Heinz Kraxenberger
Zeichnungen:
Johann Brandstetter
Herstellung: Heide Blut/ Gabie Ismaier
Satz: Heide Blut
Reproduktion: Fotolito Longo
Druck und Bindung: Stürtz

ISBN 3-7742-3709-3

Auflage 5. 4. 3.
Jahr   2003   02

Wichtige Hinweise

Alle elektrischen Geräte für ein Terrarium müssen geprüft und mit dem TÜV-, GS- oder VDE-Zeichen gekennzeichnet, im Feuchtbereich eingesetzte Lampen spritzwassergeschützt sein. Bei allen Arbeiten in Zusammenhang mit Wasser die Netzstecker der Geräte herausziehen. Ist Ihre Stromversorgung noch nicht mit einem zentralen Fehlerstrom-Schutzschalter (FI-Schalter) abgesichert, empfiehlt sich die Anschaffung eines mobilen FI-Schalters. Im Umgang mit Terrarien- und Futtertieren ist auf strenge Hygiene zu achten. Nach der Berührung mit Tieren und Pflanzen die Hände gründlich reinigen, ins Gesicht gelangte Spritzer sofort abspülen und Kinder entsprechend aufklären. Bei Verletzungen zum Arzt gehen (→ Seite 51).

1 Können Echsen hören?

Mit Sicherheit alle, die ihre Stimme während der Balz und zur Revierabgrenzung ertönen lassen.

2 Wozu dient die regelmäßige Häutung?

Der Regeneration der obersten Hautschicht, vor allem aber dem Wachstum.

3 Wächst ein abgeworfener Echsenschwanz wieder nach?

Bei einigen Echsen nur als kegelförmiger Knorpel, bei anderen entsteht an der Bruchstelle ein neuer, aber kürzerer Schwanz mit verknorpelten Wirbeln.

4 Wie alt können Echsen werden?

Die hier genannten Echsen bis 25 Jahre, die verwandten Panzerechsen 50 bis 70, vielleicht sogar bis 100 Jahre.

5 Lassen sich nachtaktive Echsen nur während der Nacht beobachten?

Mit einer Schaltuhr lassen sich die Aktivitätszeiten so steuern, daß die Tiere auch abends zu beobachten sind (→ Seite 27).

Der Experte gibt Antwort
auf die 10 häufigsten Fragen
zur Haltung von Echsen.